英語ができる人、できない人の習慣

塚本 亮 RYO TSUKAMOTO

すばる舎

はじめに

もともと英語は「大の苦手」だった

英語ができるか、できないか——。
それは、効果的な学び方を身に付けているかで決まります。
かつて私は、英語が大の苦手でした。

「記憶力が悪くて、単語を覚えられない！」
「『やるぞ！』と思っても、先延ばしにしてしまう」
「全然スコアが伸びない——」
「英語で話すなんて、絶対にムリだ」
「自分には、英語学習は向いていないのではないか……」

これらはすべて、私が感じていたことです。
中学時代から英語のテストはさんざんで、全く点数が取れず苦手意識は募るばかり……。高校時代はまさに人生のどん底で、英語はもちろん、勉強そのものができない、スポーツもできない、やることといったらケンカばかりする問題児でした。
そんな高校3年のとき、偏差値30だった私は大学受験を志します。**まともに勉強してこなかったため、中学の英語の参考書から学び始めました。**でも、内容がチンプンカンプンで全然わかりません。

英語力は「学び方次第」で、ケタ違いに伸びる!

　もともと夜型人間でしたが、全く勉強がはかどらなかったため、思いきって、朝型の勉強に切り替えて本腰を入れて学び始めたのです。すると、驚くほど頭が冴えて知識もグングン吸収でき、勉強もドンドンはかどっていったのです。

「時間帯を変えるだけで、効果が倍増するのか!
学び方次第で、英語力もグンと伸びるのではないか──」
こんな希望を持ちました。

　それまでは、些細なことでモチベーションが低下して、英語学習を先延ばしにしていた私。だからこそ、**「挫折せず、学び続けられるカンタンで効果が出るやり方」**を探し始めたのです。
　その後、苦手だった単語の覚え方に始まり、スピーキング、ライティング、リスニング、リーディングの学び方を一気に見直しました。
　効果的な方法で学び続けた結果、偏差値を30ほど上げ、同志社大学に合格しました。その後、ケンブリッジ大学院を受験し合格しています。英語の学び方の一例を挙げると、

・暗記するのではなく、接触回数を増やす
・スマホを遠ざける
・聞き流すのではなく、音楽を聞くように聞く
・リスニングのスコアを伸ばすために、窓を開けて音声を聞く

いずれも、カンタンですぐできることばかりです。たったこれだけのことですが、驚くほど英語力のＵＰに繋がったのです。

コレなら、もっと話せる！　活躍できる！

　ケンブリッジ卒業後は起業し、英語教室を主宰しており、これまで 400 名以上の学生・社会人の方々が海外留学を成功させています。本書では、これまでの私の経験や英語指導の実情を踏まえて、有効だとわかっている方法を厳選してご紹介していきます。

　実際に、効果があったもの、効果がなかったものが、英語を学ぶ受講生の方々の結果を踏まえてわかっているので、いずれも実践的かつ続けやすい方法ばかりを選んでお伝えしていきます。

　具体的なメソッドを余すことなくお伝えすることで、皆さんの英語学習が一気に効率的なものになり、加速するグローバル社会において英語を使ってたくさんの人とコミュニケーションする楽しさを味わっていただければ嬉しいです。

　本書でご紹介する方法で学べば、読者の皆さんの英語力は日々、確実に上達していきます！　さあ、ご一緒に英語を使って楽しくコミュニケーションする力を着々と蓄えて、世界がどんどん広がる楽しさを体験しましょう！

　二〇二〇年一月

　　　　　　　　　　　　　　　　　　　　　　　　塚本亮

目次

はじめに ……… 3

Prologue
英語ができる人、できない人はココが違う

1 英語ができる人とは？ ……………………… 18
できる人は、「英語で話すこと」を大事にする
できない人は、「試験のスコア」を大事にする

2 何をどのように学ぶといい？ …………… 22
できる人は、「英語を話す時間」を増やす
できない人は、「座学の勉強時間」を増やす

3 「話す力」はどうすれば伸びる？ ……… 28
できる人は、「話すレベル」に応じてトレーニングする
できない人は、漠然とトレーニングする

4 「日常の会話力」を
伸ばすには？ ──────────── 34
できる人は、「話す場面」に身を置く
できない人は、「話す機会」を待つ

5 「スピーキング」のスコアを
上げるには？ ──────────── 38
できる人は、「現在形」以外も使って話せる
できない人は、「現在形」だけで話す

6 留学レベルの「話す力」の
つけ方とは？ ──────────── 44
できる人は、アウトプットに時間をかける
できない人は、インプットに時間をかける

Chapter 1 ちゃんと成果が出る！学び方のキホン

1 「成果が出る」学び方とは？ …… 48
できる人は、「五感」でインプットする
できない人は、「目」からインプットする

2 時間を有効に使うには？ …… 52
できる人は、「タイマー」で集中力を高める
できない人は、「大きな時間」で捉える

3 どうすれば記憶できる？ …… 56
できる人は、「復習こそが最強だ」と考える
できない人は、「一度で完璧」を求める

4 知識を定着させるには？ …… 60
できる人は、「3回」繰り返す
できない人は、「新しいこと」を次々に覚える

5 試験のスコアが伸びる学び方とは？ …… 64
できる人は、「部分練習」で基礎を固める
できない人は、いきなり「全体練習」を始める

Chapter

2 コレで英語学習がラクラク続く!

1
挫折しないためには? ———————— 70

できる人は、「できそうな参考書」を買う
できない人は、「難しい参考書」を買う

2
能率を上げるには? ———————— 74

できる人は、「環境を変えて」集中力を増す
できない人は、「同じ環境」で誘惑に負ける

3
学習習慣をつけるには? ———————— 78

できる人は、テキストを「見える場所」に出しておく
できない人は、テキストを「本棚」に入れておく

4
モチベーションを保つには? ———————— 80

できる人は、〝超〟短期目標でやる気を高める
できない人は、長期目標でやる気を失う

5
どうすれば勉強がはかどる? ———————— 84

できる人は、「脳のリズム」をフル活用する
できない人は、「疲れた脳」で自信を失う

6 学習効果を
高めるには？ ························· 88

できる人は、朝、勉強する
できない人は、夜、勉強する

7 勉強の先延ばしを
やめるには？ ························· 92

できる人は、試験日を〝今スグ〟決める
できない人は、「試験を受けなきゃ」と考える

8 目標を100%
達成するコツは？ ··················· 96

できる人は、目標の先にあるものを意識する
できない人は、目標を立てて満足する

9 パフォーマンスを
上げるには？ ························· 102

できる人は、やることを「2つ」に分類する
できない人は、何となく取り組む

10 学習を中断させない
ためには？ ··························· 106

できる人は、スマホを遠ざける
できない人は、スマホに頼る

Chapter 3 「スピーキング」「ライティング」のすごい学び方

1 英語で会話するコツは？ ———— 110

できる人は、「会話のフロー」を大切にする
できない人は、「文法」を忠実に守る

2 「使える単語」はどのぐらい必要？ ———— 114

できる人は、「基本5動詞」を使い回す
できない人は、「難解な表現」にチャレンジする

3 発音はどのぐらい大事？ ———— 120

できる人は、発音を捨てる
できない人は、発音にばかりこだわる

4 英語でパッと話すコツは？ ———— 124

できる人は、パターンで話す
できない人は、翻訳思考

5 表現力はどうしたら身に付く？ ———— 130

できる人は、フォーマットで日記を書く
できない人は、話す練習ばかりする

6 「英語が通じない……」の
打開策とは？ ---------- 136

できる人は、腹式呼吸をする
できない人は、胸式呼吸をする

7 上手な意見の
言い方とは？ ---------- 140

できる人は、「一問三答」で答える
できない人は、「一問一答」で答える

Chapter **4** 「リスニング」
「リーディング」の
すごい学び方

1 聞く力をつける
には？ ---------- 146

できる人は、「お気に入りの曲」のように聞く
できない人は、英語をシャワーのように浴びる

2 意味を素早くつかむ
には？ ---------- 150

できる人は、英語をイメージで捉える
できない人は、日本語で捉える

3

リスニング試験の
スコアを上げるには? 156

できる人は、点数が上がらない「原因」を探す
できない人は、ひたすら「リスニングの練習」をする

4

リーディング試験の
スコアの上げ方とは? 162

できる人は、設問を「読まない技術」を磨く
できない人は、設問を「全部読もう」とする

5

効果的な音読法
とは? 170

できる人は、「3ステップ」で音読する
できない人は、何となく音読する

6

英語の音をかたまりで
認識するには? 176

できる人は、リズム感を磨く
できない人は、発音ばかり練習する

7

英語耳の作り方
とは? 186

できる人は、「3ポイント」で耳を磨く
できない人は、とりあえず英語を聞き続ける

8

ディクテーションの
やり方とは? 188

できる人は、「何を言いたいか」をザッとつかむ
できない人は、一言一句、聞き取ろうとする

Chapter **5** 単語・文法の
"超効率的"な学び方

1 語彙力を
つけるには？ 194
できる人は、1つの単語を「10回で覚える」
できない人は、学習ルールをつくらない

2 暗記の効率を
上げるには？ 202
できる人は、ゲーム形式で単語を覚える
できない人は、単語帳で効率を落とす

3 語彙を一気に
増やすコツとは？ 206
できる人は、「わかる単語」をどんどん増やす
できない人は、「二刀流」でつまずく

4 会話に役立つ「文法力」を
身に付けるには？ 210
できる人は、文法を「洋書」で学ぶ
できない人は、文法を「和書」で学ぶ

5 覚えられない
単語はどうする？ 214
できる人は、カード化する
できない人は、単語帳だけで覚える

Chapter **6** スコアが伸びる！
試験勉強のコツ

1 スケジュールの
立て方は？ ━━━━━━━━━━ 218

できる人は、試験勉強を「90日でやる！」と決める
できない人は、試験勉強を「1年でやる！」と決める

2 リスニング試験のスコアを
〝さらに〟伸ばすには？ ━━━━ 224

できる人は、「問題文を速読する」練習をする
できない人は、「聞く練習」ばかりする

3 中級レベルの
英語力をつけるには？ ━━━━ 226

できる人は、「1000単語」覚える
できない人は、あれこれ学んで「中途半端」

4 「本番」で力を発揮する
秘けつとは？ ━━━━━━━━ 230

できる人は、「窓を開けて」音声を聞く
できない人は、「イヤホンで」音声を聞く

5 高スコアが出る！
問題の解き方とは？ ━━━━━ 232

できる人は、「易しい問題」から解いていく
できない人は、「順番通り」に解いていく

6

試験直前、
当日の過ごし方とは？ ⌁⌁⌁⌁⌁⌁⌁⌁ 236

できる人は、やってきたことを振り返る
できない人は、新しい問題に手を出す

あとがき ⌁⌁⌁⌁⌁ 239

装丁 ⌁⌁⌁⌁⌁ 井上新八

装丁イラスト ⌁⌁⌁⌁⌁ 関谷由香理

本文デザイン、イラスト、図版作成 ⌁⌁⌁⌁⌁ 草田みかん

英語ができる人、
できない人は
ココが違う

英語ができる人とは？

できる人 ▶ 「英語で話すこと」を
大事にする

できない人 ▶ 「試験のスコア」
を大事にする

「試験で測れない力」を
伸ばすことが大事！

　英語ができる人の定義はこの10年で大きく変わりました。かつては、量的な指標で測れるもの、つまり英語の試験でいいスコアを取れる人が「英語ができる人」だと考えられてきました。

　しかしグローバル化が進んだことによって、今は話す力と聞く力が求められるようになりました。

　海外の企業と対等に取引をするために必要な英語力や、海外に打って出るための英語力、人材マーケットのグローバル化によって同僚と英語でやりとりする英語力などが求められるようになっています。

　英語をツールとして使いこなす力──、すなわち、現場で英語を使ってコミュニケーションできる人が「英語ができる人」です。

　今の時代における「英語ができる人」の条件をもう少し噛み砕くと、

　①英語の知識がある程度あること（完璧である必要は全くない）
　②英語を積極的に話す姿勢があること
　③自分の意見を持っていること

　この３つが重要であるように思います。

　ここで大事なことは英語を使ってコミュニケーションする力を身に付けるためには、②と③のように数値で測れない力を鍛える

ことが必須であるという点です。

　知識については試験などで数値にして測りやすいのですが、②
③については数値では測りづらいのが実情です。
　本来は、数値化し目標を持ったほうがやりがいはあると思いま
すし、成長している感覚も持ちやすいのですが、これだけでは英
語が使えるようになるとはいえないのです。

　昨今求められている英語力とは、②と③の力を備え、日々レベ
ルアップさせていくことです。**数値化しにくい能力であるからこ
そ、この力を磨くよう意識することが大切なのです。**
　こうした視点を持ち続けることで、実践的な英語力が身につく
ため、日々上達を実感することができるのです。

Rule 英語で「意見を言う力」を
磨いていこう

▶ **英語ができる人とは**

 英語でコミュニケーションできる人

話す力 × 聞く力 **がある**

✕ **勉強だけする人**

勉強だけでは
コミュニケーション力は
伸びない

**英語でコミュニケーションできる力の
ほうが大事！**

何をどのように
学ぶといい？

できる人 → 「英語を話す時間」を
増やす

できない人 → 「座学の勉強時間」を
増やす

試験のスコアは
やり方次第でグンと伸びる

　先ほどお話ししたように、昨今はこれまで以上に「数値で測れない力」が重視されるようになってきました。そこで私は、**英語力をつけるためには、「数値で測れる部分」と「そうでない部分」の2つに分けて上達を図る必要があると感じています。**

「数値で測れる部分」を伸ばすとは、試験のスコアを伸ばすことであり、「そうでない部分」を伸ばすとは、英語でコミュニケーションする力を磨くということです。

▶ 英語力をつけるには、数値で測れない力を伸ばすことが大事

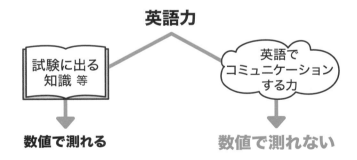

　試験のスコアを伸ばすのは、コツさえわかれば、一定のレベルには到達できます。でも、英語でコミュニケーションする力は、一朝一夕には伸びません。相手の話を聞く力や、自分の考えを英

語でパッと表現する力など、複合的な力が求められるからです。だからこそ座学の時間だけでなく、**英語を使って話す力をつける時間を意識的に確保してほしい**のです。

　まずは試験勉強について見てみましょう。

　例えば、TOEIC®L&R テスト（以下、TOEIC®）のリスニングで 400 点取れる人（495 点満点）と 200 点しか取れない人とでは聞く力の基礎力はやはり異なります。満点を目指す必要はなくても、400 点くらいは取れる力をつけることは有益だと考えます。

　話す力をつけるうえで、文法問題のスコアを上げることは、それほど重要だとは思いませんが、最低限の文法力をつけておけば、英語を理解するための基礎力になるため、リーディングのスコアアップにはつながります。

　なお、2 級以上の英検や IELTS は「スピーキング」「ライティング」「リーディング」「リスニング」の 4 技能がバランスよく測定される試験なので、ぜひチャレンジしたい試験ですが、4 技能ともにバランスよく伸ばす必要があるので、クリアするには少しハードルが高いという側面もあります。

▶ 英語で話す時間をしっかりつくろう

　やはり試験勉強をしているだけでは、話せる力は身に付きま

せん。話す力の上達も追求していきたいですね。

　話せるようになるには、やはり量をこなすことが大事です。

　簡単な方法としては、どれだけ英語を話す時間があったかを記録することは効果があります。

　なお、英語を話すプロセスは、

　①「言いたいことが頭に浮かぶ」
　②「浮かんだ言葉を英語にする」
　③「英語にしたものを声に出す」

　この順で行われますから、量をこなしていくことで、浮かんだ言葉を英語にするスピードは速まっていきます。

　①と②をスムーズに行うには、やはり「英語の型」を覚える必要があります。すなわち、語彙力や定型表現を覚えるということです。その意味では、試験勉強を生かすのはとても有効な方法です。

▶英語を話すプロセス

スポーツと同じで、目標を持つことでモチベーションを高く持つことができますし、**受験日を決めることで具体性のある勉強をすることができます。**

　私は英検1級を受けるために英単語を3000個ほど覚えましたが、それらは日常会話ではあまり出てきません。ただふとしたときに英字新聞で目にしたり、映画を見ているときに耳にしたりすることがあって、「あ、あんな意味だったな」と思い出すことがよくあります。意外と頭の片隅に記憶されているのです。

　試験勉強で習得した内容は、日常的にはそれほど使う場はないかもしれませんが、ふとしたときに活用する場が訪れることがあります。その意味では、試験を活用することは有効だと思います。

　座学の勉強をしつつ、英語を使う経験値を高めていきましょう。話す量を確保することにこだわってください。話す機会が増えれば増えるほど英語は確実に上達します。話せないのは、英語を話す量が足りていないだけなのです。

Rule 語彙や定型表現を増やしながら英語を使っていこう

▶ **話す力は総合力！**

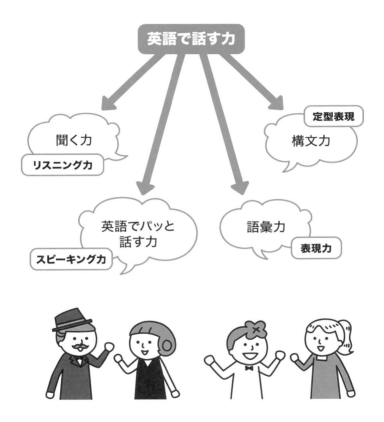

**試験勉強を活用しながら、
具体的に学んでいこう！**

Section 3

「話す力」は
どうすれば伸びる？

 できる人 → 「話すレベル」に
応じて
トレーニングする

 できない人 → 漠然と
トレーニングする

28

話す力を
「3つのレベル」に分ける

　話す力を伸ばすといっても、日常会話力をつけたいのか、試験のスコアを伸ばしたいのか、留学するための英語力をつけたいのかで英語の学び方は変わります。

　まずは、どのレベルの力を身に付けたいのかをはっきりさせてから取り組みましょう。**本書では、話す力を①日常会話力、②試験対策、③留学するための会話力の3つに分けて、それぞれの能力の伸ばし方を見ていきます。**

①日常会話で
　求められるレベルは？

　日常会話力を伸ばす場合に重要となるのは、**簡単な英語でいいのでレスポンシブに、テンポよく伝えたいことを言葉にすることです。**

　伝わることが第一なので、難しい単語をわざわざ選ぶ必要はありません。文法的に多少おかしくてもそれほど問題はないのです。それ以上に会話のテンポ、会話の雰囲気、気持ちのキャッチボール力が重要ですね。表情やジェスチャーなど、言葉にならない非言語の部分もコミュニケーションに含まれます。

雰囲気で伝わるものもありますよね。それも含めてコミュニケーションなので、試験のときのように全てを言語にしなくてもいいのです。

　例えば、日本語で話すときも、言葉が見つからなくて、「あぁ、なんて言えばいいでしょうかね」と言ったときに、「××みたいな感じですか？」と誰かが教えてくれて「そんな感じですね！」と会話が成立することがありますよね。これは英語で話すときも同様です。その意味では、英語の質は70%を目指す感じでいいのです。

Point

・伝わればOK！
・簡単な表現で、テンポ良く話そう
・英語の質は70%ぐらいでいい

②試験で求められる
レベルは？

　一方で試験対策となると、何を話すのか以上に「どう話すのか」が問われるわけです。あくまでも英語の試験ですから、英語としての質を測るわけですね。だから、文法的におかしくてもノリでなんとかなる、ということにはなりません。

　あとで解説しますが、ただ話せる、というところから、「効果的に英語を話せる」という状態にまで引き上げることがポイントとなります。

　あくまでも英語の試験ですから、意見が優れているかよりも、「どう話すのか？」が評価されます。話す内容をしっかりと作り込んでいく必要があるといえるでしょう。

　日常会話は情報交換のコミュニケーションもあれば、感情のキャッチボール的な要素も含みますが、試験は非言語コミュニケーションでは評価の対象になりませんし、情報交換コミュニケーションの要素がかなり強いですね。

　論理的に組み立てることがより求められるということです。言語にしたことだけが評価の対象になるので曖昧な表現ではいけないわけです。

Point

　・文法的な正しさが求められる
　・大事なのはバリエーション豊かな英語表現で話すこと
　・論理的に組み立てること

③留学するときに 求められるレベルは？

　留学するための英語力は、さらに高度な能力が求められます。語学留学であれば、英語を学びにいくわけですから、日常会話力と同じくらいに考えればいいと思います。

　しかし、大学や大学院に入学するのための留学であれば、専門的なことについてしっかりと話せる準備をしなければいけません。英語の質は日常会話よりも高くなければ、ディスカッションでは何も答えられなくなってしまいます。

　ノリだけではどうにもならないので、論理的に英語を書く力、話す力、専門的な内容を英語で表現する語彙力、自分の考えや経験を言語化する力などが必要になってくるので、ハードルは低くないですね。

　なお、専門的な内容を表現する語彙はハイレベルでも、その範囲は限られているので、しっかりと押さえておけば議論に加われるようになります。

　このように海外の大学や大学院に入学するときは、より専門的な語彙力が求められ、かつ、話の内容をスピーディに理解して、すぐレスポンスする、といった英語力が求められるのです。

Point

▶語学留学する場合

・日常会話ができるレベルでOK

▶海外の大学・大学院に入学する場合

・論理的に英語を書き、話し、表現する力が必要

・自分の考え、経験を言語化する力が求められる

・専門的な分野の語彙を増やす

・英語で議論する力が求められる

Rule 目的をはっきりさせて、効果的に学習しよう

「日常の会話力」を
伸ばすには？

できる人 → 「話す場面」に
身を置く

できない人 → 「話す機会」を待つ

英語を話したくなる「きっかけ」をつくろう！

　まずは日常会話をする機会を確保することが重要です。なぜなら、「なんのために学ぶのか」が明確であれば明確であるほど、モチベーションを維持しやすいからです。**手っ取り早いのは外国人の知人をつくったり、英語を話せる場に行ったりすることです。これにより、自然と話す動機ができるのです。**

　例えば、知り合ったイギリス人がとても感じがいい人で連絡先を交換しておけば、なんとかご縁を維持するために英語でコミュニケーションを取りたいという動機が生まれます。

　相手に伝えたいことがあるものの、英語でどう言えばいいかわからない。そんなときは辞書を引いたりネットで調べたりしますよね。

　こうして自然と英語に意識が向いて、英語に触れる時間が増えます。これを繰り返しているうちに、「あれって、こう言えばいんだよね」というふうにわかってくる。これが理想的な流れです。これだけ日本にも外国人が増えてきているわけですから、まずは英語を使う機会を確保するのが早道です。

　かつて、私が留学したいと思っ

たとき日常会話の練習をするために、時間があるときは京都駅の駅前に立って外国人観光客に道案内をしていました。英会話のフレーズ集を何冊か買って、どんなふうに声をかけるか、どう案内するかをシミュレーションして、駅前へ行きました。

　それらを試して、通じたり通じなかったり、あるいは伝わったり、何を言っているのか理解できなかったり……、その繰り返しです。でも、**実際の場面で使える表現が少しずつ増えている感覚を得られるんです。それが何よりのモチベーションになるわけです。**

　日常会話では完璧な英語力はいりません。60 ～ 70 点を目指せば十分。**たとえ間違ったとしても話すこと、回数をこなすことに意義があります。**

 ## 簡単な表現で、ちゃんと伝わる

　私は、海外から来る外国人と食事に行くことが多く、ゲストを居酒屋や日本料理に連れて行きます。このとき伝え方を工夫するのが、「魚の名前」です。欧米ではそもそも魚の種類を日本ほど使い分けることがあまりなく、分類はそう多くありません。

　例えば「メバル（black rockfish）と金目鯛（alfonsino）、どっちの煮付けがいい？」と英語で頑張って尋ねても、相手はよくわからないことのほうが多いのです。
　それだったら、「ソフトな魚とハードめな魚、どっちがいい？」

などと聞いたほうが相手は選び
やすいはず。

　このように魚の名前をあれこ
れ頑張って覚えても、相手には
どっちでもよかったりするので
す。それなら相手に伝わりやす
い簡単な表現で話したほうが、
会話はスムーズに進められます。

　これは魚の名前だけに限ったことではなく、あらゆる場面で応
用できる考え方です。

　例えば、食事をしていて、スマホが鳴ったときに、スマホに目
を向けて「May I ?」と尋ねるだけで、「Go ahead.」となります。
わざわざ長々と聞かなくもいい。

　窓のところに立って「May I?」と尋ねれば、窓を開けたいん
だなということは誰にでもわかるからです。

　会話には文脈があるわけですから、無理に説明しなくてもいい
のです。むしろ、身振りを交えてざっくりと話したほうが自然な
こともあります。こんなふうに考えて、英語をどんどん話そうと
する人のほうが上達が早いと感じています。

**Rule　シンプルで、
わかりやすい表現で話そう**

「スピーキング」の スコアを上げるには？

できる人 ➡ 「現在形」以外も 使って話せる

できない人 ➡ 「現在形」だけで話す

表現のバリエーションを増やす

　試験の大前提となるのが「英語力の判定である」という点です。つまり、みなさんのアイデアや経験を評価するのではなく、どれだけ英語を正確に、そして幅広い文法や語彙を活用できるかを評価します。

　ですから、無理に難解な内容について話すよりも、**ストーリーはシンプルなほうがよく、その上で文法や語彙のバリエーション豊かに表現する必要があります。**

　例えば、「あなたの好きなスポーツは何ですか？」という質問に対して、「私はサッカーが好きです。一番好きなチームは……で、好きな選手は……です」と答えると、確かに答えとしては何の問題もないですが、全て**「現在形」**なんですよね。

What is your favorite sport?
　あなたの好きなスポーツは何ですか？

× 　I like soccer. My favorite team is 〜 .
　　My favorite player is 〜 .

○ 　I like soccer. I used to play basketball, but I have
　　been attending soccer classes since last year.

これを「私はサッカーが好きです。かつてはバスケットボールをやっていたのですが、去年からサッカー教室に通っています」としたら、「サッカーが好き」は**現在形**、「かつて」は**過去形**、「去年から今までサッカーを習っている」は**現在完了形**なんです。一気にバリエーションが出ましたよね。

あるいは、「休みの日は何をしていますか?」という質問に対しても、「英語の勉強をしています。なぜなら私は留学したいと思っていて、そのためには高いスコアを取らないといけないからです。イギリスで心理学を学びたいと思っています」としてもいいですが、これだと**全部、現在形**ですね。

What are you doing on your holiday?
休みの日は何をしていますか?

✕　I am studying English.
Because I want to study abroad,
so I have to get a high score.
I want to study psychology in the UK.

◯　I study English because I want to study abroad.
If I had more time,
I could do more things.

　これを「留学したいので英語の勉強をしています。もし、もっと時間があったら、友達と映画を観に行きたいです」とすれば表現が豊かになります。

「もし〜だったらば」というのは**仮定法**。学校で習いましたよね。ちょっと難しい表現です。

　good や bad を使うのも悪くはないですが、これではいい点数にはつながりません。語彙の表現も工夫しましょう。「いい」というのは、便利な言葉ですが、どういう意味でいいのか曖昧ですよね。

　例えば、便利という意味だったら convenient、使えるならば useful、快適なのであれば comfortable、経済的なのであれば economical、そういった、より的確な表現ができるようにしておきたいですね。

Point

・現在完了形や仮定法なども使いたい
・good や bad 以外の表現方法を知っておく

・good に代わる表現例

convenient　便利な　　　　useful　使える

comfortable　快適な　　　economical　経済的な

beneficial　有益な　　　　well　満足できる

effective　効果がある　　honest　正直な

proficient　熟練した　　　right　正しい

・bad に代わる表現例

spoiled　甘やかされて　　defective　欠陥のある

forged　偽の　　　　　　regretful 残念な

unfit　不適当な、健康でない

risky　危険な　　　　　uncollectible　回収できない

▶ 良い解答をつくる 練習方法がある

　私がいつもお勧めしている方法は、試験で出題されたスピーキングの問題や模擬問題が掲載されている問題集を用意して、設問に対する答えをパソコンで作成してみるということです。

　書き出して客観的に見ることで、表現や文法がバリエーション

に富んだものなのかどうなのかを検証することができます。自分の話しグセというのは日本語含めてなかなか気づかないもの。

　いつも同じような文法や単語を使っていては当然ながらスコアはそれ以上伸びません。今よりも一つ上の表現をするためにも、**一度、いろいろなスピーキング問題の答えをタイピングして、紙に書き出してみることで、自分のクセを見直すことができるようになります。**

　書き出したものを見て、その表現をより良くするためにはどんなことができるだろうか、どんな語彙や文法を使うと、より良い回答がつくれるだろうかという視点で見直してみましょう。そうすることで初めて今よりも良い解答をつくる力がついてきます。

Rule　スピーキングの解答を書き出して、添削してみよう

留学レベルの
「話す力」のつけ方とは?

できる人 ➡ **アウトプットに
時間をかける**

できない人 ➡ **インプットに
時間をかける**

留学前の英語の学び方にはコツがある

①専門分野の語彙を増やしておく

まずは専門性が問われるようになるという点に注目しましょう。自分が専門とするテーマについての語彙力を身に付けることはとても大事です。まずは簡単な英語の専門書を読んでおきましょう。一通り読んで、背景となる専門知識を身に付けておけば留学生活が楽になります。

②専門に関する洋書を数冊、読んでおく

今はかなり多くの洋書を入手することができるようになりましたから、入門書を買ってさらっと読んでみましょう。日本の大学とは比べものにならないほど多くの文献を読むことになります。洋書を読むことに慣れておかないと、現地に行ってからでは間に合わず、授業についていけなくなってしまいます。一通り知っておけば十分ですから、専門に関する洋書を2、3冊読んでおきましょう。

③アウトプットする時間を持つ

毎日アウトプットする習慣を持ちましょう。本を読む、英字新

聞をネットで読む、読んだら自分の考えをまとめて英語にしてアウトプットすることをお勧めします。

　ディスカッション時には、感じたこと、考えたことを即座にアイデアとしてまとめ、意見を言う力が求められます。日頃から、インプットしてから素早くアウトプットする習慣を身に付けておきましょう。

　ディスカッションで困るのは、相手の意見がわかっても、自分の意見をどう言えばいいのか素早くまとめられないことです。これを繰り返していると、どんどん遅れをとってしまい、議論から完全に置いていかれるんです。

　そうならないためにも、毎日、本やニュースなどで情報に触れ、それについて自分の考えや意見を言葉にする習慣を身に付けることが大事なのです。

　私は留学時代に、英字新聞を毎日読んで、それを書き留めるストックノートを作っていましたが、**今は SNS の時代ですから、Facebook や note で記録してもいいでしょう。**一番モチベーションを保ちやすい方法で言語化する習慣を身に付けましょう。アウトプットの速度と質が一気に高くなることを実感するはずです。

Rule 「考え・意見」を英語でアウトプットする習慣を持とう

ちゃんと
成果が出る！
学び方のキホン

「成果が出る」
学び方とは？

できる人 ➡ 「五感」で
インプットする

できない人 ➡ 「目」から
インプットする

学び方次第で、効果が劇的に変わる！

　脳科学を専門にしているピアス・J・ハワード博士によると、人は平均すると自分の受け取る100の情報のうち、99もの情報を忘れるとも言われたりするほど、私たちは忘れる生き物だそうです。ではこれに対処するためにはどうすればいいか。その答えの1つに「プロダクション効果」というものがあります。

　プロダクション効果とは、学んだこと（インプット）をすぐにアウトプットすることで〝記憶が強化される〟ということです。

　学んだらその知識をすぐに応用すること。学びっぱなしではどんどん記憶の中から学んだことが薄れていくので、すぐに使ってみることが大切だということなのです。

　なかでも、今すぐ、誰にでもできて、確実に効果が上がるアウトプットの方法は、「声に出す」ということなのです。声に出すことで記憶は強化されます。

▶ 学んだ知識をすぐ使おう

「音読する」と 記憶力が強化される

　英単語を覚えるときに、声に出したほうがいいのか、黙読する
だけでいいのか迷う人もいると思いますが、**声に出すほうが効果
的だと研究でもわかっているのです。**

　イギリスのウォータールー大学の 2017 年の研究で、声に出し
て読み上げることで記憶に定着しやすいということがわかったの
です。学生たちにスクリーンに映し出された 160 の単語を 15 分
間で覚えるように指示しました。この研究では、黙読するグルー
プ、誰かが読み上げているのを聞くグループ、自分で読み上げた
録音音声を聞くグループ、音読するグループの 4 つを対象に記憶
力を測定したのです。

　2 週間後にテストをして、どれだけ単語を覚えていられるかを
調べたところ、**もっともテストで成績が良かったのは、単語を音
読したグループで、もっともスコアが悪かったのは黙読をしたグ
ループだったのです。**

Point

・音読したグループが高スコア！
・単語は黙読ではなく、音読したほうが覚えられる

文字を声に出して読み、それ
を自分の耳で聞くことで、記憶
に残りやすくなります。集中力
が高まることに加え、声に出す
アクションによって自分に必要
な情報であるということを脳に
伝えることができるので、長期
記憶に定着しやすくなるのです。

　さらには音読すると、英語のリスニングやスピーキングはもち
ろん、読解力も鍛えられます。
　自習室や図書館など公共の場で、声を出すことはできませんが、
家であれば音読は絶対に取り組みたいですね。ざわざわしたカ
フェならば、多少ブツブツ言っても問題ないかもしれません。

　本書で一貫してお伝えしたいことのひとつは、「**英語学習はス
ポーツである**」ということです。身体で覚えない限り、英語がスッ
と口から出てくるようにはなりません。**頭であれこれ覚えるので
はなく、身体に覚えさせるための最適な方法が音読なのです。**

Rule **英語学習はスポーツと同じ。
頭ではなく、身体で覚える！**

Section 2

時間を有効に
使うには？

できる人 → 「タイマー」で
集中力を高める

できない人 → 「大きな時間」で
捉える

▶▶ タイマーで ダラダラを防止する

　モチベーションを上手にコントロールすることが学習効率を高めるために大切です。特にモチベーションは集中力と密接に関係します。

　例えば「1時間でリーディング、頑張るぞ！」と思っても、その時間内ですら、やる気の波が訪れ、集中力がとぎれてしまいます。この1時間を最大限に有効に活用するにはどうすればよいでしょうか。

「時間的制約の力を借りる」というのは、やはり効果的です。

　適度な緊張感があり、ちょっと頑張れば目標を達成できそうな状態にあるときが、いちばん集中力が高まります。

　このような〝自然と集中力が高まる状態〟に持っていくためのコツとして、私はタイマーやストップウォッチを活用することをお勧めします。

▶▶ 移動時間を ゲーム感覚で活用する

　高校時代、電車で通学していた私は、毎朝の電車を勉強部屋にしていました。確実に座るために早く家を出て、すいている各駅

停車に乗ります。**各駅を電車が走る間に、「ここまで覚えよう」などと決めてゲーム感覚で取り組んでいました。**

　たいてい、1駅間が2、3分ぐらいかかります。時間的制約があるからこそ、グッと集中できたのです。これに気づいてからは自宅で勉強するときにもストップウォッチや砂時計を多用するようになりました。やはり時間を意識すると集中力が高まります。

▶ 短めに設定して、自分を上手に追い込もう

　家やカフェで勉強するときに、机の上にストップウォッチを置くだけで自分との競争が始まります。

　マラソンでは42.195km走るわけですが、A地点まではどれくらいのタイムで走ればOKで、B地点まではどれくらいのタイムで走ればOKなのか、このように距離を短く区切ることで、より集中して走れるようになります。

　参考書を解くときも同様です。「P15〜30までを1時間で終わらせる」といった大きなくくりではなく、**「P15〜18は10分で終わらせる」** ぐらいまで噛み砕きます。そして、タイマーを10分に設定してスタートしてみましょう。

　このとき、スマホのタイマーの使用は避けましょう。通知が鳴ったりして、集中が途切れてしまうからです。

　なお、設定時間を何分にすればいいのか、わからないと感じるかもしれません。こうしたときは気持ち短めに設定しましょう。

　スタートしてから、どうしても時間が足りないと感じたら、途中で追加すればよいのです。目的は、ゆったり時間を取ることで集中できなくなることを避けるためですから、**短めで早くやる、ことを意識して取り組んでみましょう。**

　このように、小さな締め切りをどんどん作って短距離走を繰り返していきましょう。目の前のことへの集中力が高まるはずです。設定した課題がサクサクとこなせていく感覚の虜になるでしょう。

Rule タイマーは短めに設定しよう

Section

3

どうすれば
記憶できる?

できる人 → 「復習こそ最強だ」と
考える

できない人 → 「一度で完璧」を
求める

▶ 覚えてもスグに、半分近く忘れてしまう！？

「私は記憶するのが苦手です」

　という声をたくさん耳にします。実際のところ人間の脳は忘れるようにできているものなのです。

　そもそも覚えられなくて当たり前なのです。

　では、どうすればいいのか——？

　やはり、繰り返し覚えることに尽きます。

　私たちの脳は、繰り返したものを重要だと認識して記憶に定着するようにできているからです。

　まず1回目は軽い気持ちで取り組めばいいのです。

「覚えられなかったらどうしよう」「覚えられるか自信がない」などと考えず、とりあえずやります。そして**復習を徹底します。**

　確かに新しいことにどんどん着手できるとワクワクしますが、結局は知識として定着しないので、いざというときに挫折感を味わってしまうのです。

　「エビングハウスの忘却曲線」を知っている人も多いでしょう。ドイツの心理学者、ヘルマン・エビングハウスは、被験者に意味のない3つの羅列されたアルファベットを覚えさせて、その記憶がどれくらいのスピードで忘れられていくかを実験したのです。

実験結果を、グラフ化したのが「エビングハウスの忘却曲線」です。心理学のなかでもとても有名な実験です。

　それによると、20分後に42％、1時間後に56％、1日後に74％、1週間後77％、1ヶ月後79％が忘れてしまうという結果が出ました。つまり、覚えてもスグに半分近くの内容を忘れてしまいます。

▶ 記憶が定着する学び方がある！

　では覚えたことを忘れないよう、記憶に定着する方法とはなにか。それが復習なのです。復習するたびにその記憶は蘇り、記憶の定着率もアップしていくのです。

　「勉強は忘れるのが当たり前だ」くらいの気持ちで取り組めばいいのです。参考書も、1度目はざっくりと読みます。全体の構成や流れをザッとつかむためです。わからないことがあるのが大前提で、とりあえず前に進めます。2回、3回と読み直すことで、理解を深めていけばいいのです。

　学ぶときのコツは、復習は少し時間をあけるということです。同じ日に次々と詰め込んでいくよりも、次の日に復習するほうがいいのです。

▶ レミニセンス現象

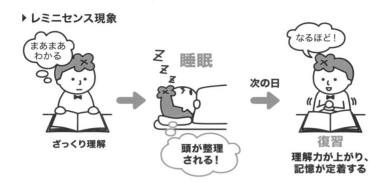

「レミニセンス現象」という言葉が心理学にはあるのですが、一定時間の休憩や睡眠をとることで、脳内が整理され、記憶を呼び起こすための障害となる集中力の低下などを解消することができるのです。結果的に、記憶が定着したり理解が深まったりします。

　つまり、**休憩や睡眠を通して一度、脳内の疲れを落として、整理させる時間を持つことで、記憶の定着率が高まります。**
　復習こそが確かな記憶と理解をもたらしてくれるので、必要以上に自分を追い込みすぎず、考えすぎず、やってみることを大切にしたいですね。

Rule
**日をおいて繰り返し
復習することで
記憶が定着する!**

知識を
定着させるには？

できる人 ▶ 「3回」繰り返す

できない人 ▶ 「新しいこと」を
次々に覚える

同じテキストを 繰り返し学ぶ人が伸びる！

　勉強が苦手だった頃の私は次々と新しい参考書に手を出しては、結局、知識が定着しないという行為を繰り返していました。

　本来は、自分に合う参考書を見つけ、その内容を血肉化して英語のスキルに結びつけるためにも、何度も繰り返し取り組むことが大切です。

　学習を続けられる人は、「一度テキストを読んだだけでは身に付かない」という実情を理解しています。このため、意欲を失うことなくトレーニングを繰り返し、着実に学びを血肉化していきます。

　逆に学習が続かないタイプは、最初から細かい点にこだわったり、「一回で覚えてしまおう」と気負い過ぎたりしてしまいます。

　心理的な負担も大きく、難しい問題に直面するとやる気を失ってしまいます。

　これでは挫折する理由をわざわざ積み上げているようなもの。このままでは、挫折を繰り返してしまうでしょう。

　脳は一度、一生懸命に学んだくらいでは覚えてくれません。細かいことに囚われすぎず、繰り返し学んでいきましょう。これが、学習に挫折する確率を劇的に下げ、マスターへと導いてくれます。

テキストは
3回は取り組もう

　参考書に取り組んで、「これはいいな」と思ったら、最低でも3回は同じテキストに取り組んでみることです。

　最初の1回目はざっくりと理解できればいいのです。 目安としては70%程度理解することを目指してみましょう。70%理解できないということは、そのテキストはあなたのレベルに合っていないということですから、違うものに切り替える必要があります。

　70%理解したら、2回目で90%まで持っていくようなイメージで取り組みます。 1回目で、どこが理解できて、どこが難しいかを把握しているはずです。そこに重点を置きながらメリハリをつけて取り組めば、効果的に学べるようにあります。

　そして最後の1回は「確認と記憶への定着」という目的で取り組めばいいのです。

　ここでも大切なのは「テキストの100%を吸収しよう」なんて思わないこと。本来であれば70%も理解できれば十分です。記憶の定着には繰り返しが必要なのです。学びを積み重ねていく中で、少しでも理解できるものを増やせると望ましいですね。

　例えば、10章立てのテキストならば、30章あると考えて、スケジュールを組んでみると、繰り返し学び、定着させていくことができます。

▶ **効果的な学び方**

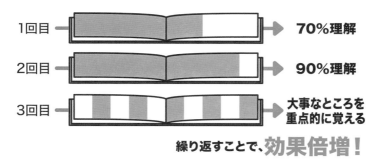

1回目 ━━ 　**70%理解**

2回目 ━━ 　**90%理解**

3回目 ━━ 　**大事なところを重点的に覚える**

繰り返すことで、効果倍増！

Rule　**1回目で70%の理解、2回目は90%を目指そう。3回目で記憶の定着を！**

試験のスコアが
伸びる
学び方とは？

できる人 → 「部分練習」で
基礎を固める

できない人 → いきなり
「全体練習」を
始める

いきなり過去問に手を出さない

　スポーツをやっていた人はすぐに理解してくださると思いますが、日々持久走をしたり、筋トレをしたり、スキル別のトレーニングをしたりと部分的な練習をして、練習試合を組んで、本番である大会に臨みます。

　英語もまさに同じで、なかなか成果が出ない人は、自分の英語のレベルを知るために、過去問集や模擬問題集を買ってきてひたすら解いてしまいます。英語力が身に付いていない時点で、こうした「全体練習」を繰り返すと、本番に向けた調整ができなくなってしまいます。これは本当に危険なやり方です。

　まずは、苦手な分野や、重点分野を学ぶ、「部分練習」をする必要があります。本番が近くなってきた、1ヶ月前ぐらいから本番を意識して、過去問題集等にあたり、本番に向けて、何ができていて、何ができていないかを把握します。この目的を間違えるとスコアは伸びません。

Point

- ・いきなり過去問等を解いてはいけない
- ・苦手分野、重点分野をしっかり学ぶ
- ・試験1ヶ月前ぐらいから、
  　過去問や模擬試験問題に取り組む

苦手分野の攻略法とは？

　細かいことをいうと、リスニングもリーディングも、ライティングもスピーキングも部分練習を怠っては成長はないと感じます。

　例えば、「リスニング」でいいスコアが取れないとなったときに、英語をたくさん聞くことでスコアを上げようとする人がいますが、このやり方では伸びません。

　そもそもリスニング力以前に、**知らない単語が多すぎて理解できないことも多々あります**。知らない単語だらけの音声を聞いても聞けるようにはなりません。単語を覚える練習をする必要があります。

　同様に、英語のリズムを理解していない人がいくら聞いても、なかなか英語のリズムをつかめるようにはならないのです。

「ライティング」であれば、一文を正確に書くスキルがない人が、いくら大量の英文を詰め込んだエッセイやレターを書こうとしても、上手くなるはずがありません。**まずは一文を正確に書けるようにするためのトレーニングが必要でしょう**。

「スピーキング」でも、短い文が瞬発的に口から出てこないうちは、長く話せるようにはなりません。そのような人がいくらスピーチやプレゼンの練習をしたところで、質疑応答になったら黙り込んでしまうしかないでしょう。

　これらの例からもわかるように、なんとなく練習をしても成果は出ません。**苦手分野があれば、なぜそれが苦手なのかを突き止め、適切な方法でトレーニングして初めて効果が出ます。**

　日頃から、これから取り組むトレーニングにはどんな狙いがあるのかをちゃんと考えて取り組みましょう。同時に、なぜそれをするのか、その目的を明確にして取り組んでいきましょう。これが英語力を磨いていく上で大事なコツになります。

Rule　点数が取れない原因を探り、効果的な学習をしよう

Chapter **2**

**コレで
英語学習が
ラクラク続く！**

挫折しないためには？

できる人 ▶ 「できそうな参考書」を
買う

できない人 ▶ 「難しい参考書」を
買う

難しい参考書は
避けたい

　できないことが、できるようになると嬉しいですよね。でも５段しか跳び箱を飛べないのに、いきなり10段にチャレンジするとどうなるでしょう。つまずいてしまうことは目に見えています。

　偏差値30台だった頃の私もまさにその一人でした。分厚い参考書を買ってはみるものの難しすぎて全く解けず、３日坊主どころか、１日目で挫折する体験を繰り返してきました。机の棚にしまい込んだ参考書をふとしたときに取り出しては、「やっぱりできないんだな、自分は」と感じていたものです。

　果たして問題はどこにあったのでしょうか。
　それは、「現状の自分」ではなく、「できる自分」を基準にして、参考書を選んでしまっていたことにあります。
　私の教室にお越しになる生徒さんから、「海外の大学や大学院に進学したい」というご相談をよく受けます。そのためには、IELTS という留学や海外移住に必要な世界的な英語試験を受ける必要がありますが、これが難しい試験なのです。英検２級で太刀打ちできた人が受けても、思うような結果は出ません。

　でも、多くの方が、IELTS 対策用の難しい参考書を買って勉強してしまうんですよね。難解で、ほとんど理解できないのです。問題集を解いても間違いが多すぎて、何が間違っていて、何をど

う改善すればいいのかがわからないのです。

　これは、他のテスト勉強でも同様です。英語が苦手な人が初めて TOEIC®を受けるとき、いくら目標が 700 点だとしても、700 点を目指す参考書を買ってしまうと、チンプンカンプンでわからない、ということになりかねません。

▶ 店頭で中身を確認してから買おう

　勉強をラクラク続けるためのコツは、「これならできそう！」と思う参考書を買い、集中して取り組んでいくことです。

　教育心理学では「スキャフォールディング」と呼ばれていますが、今の自分が、理想の自分に辿り着くための足場を作ってあげましょう。「難し過ぎるなあ」「わからないことが多過ぎる」と感じているときは、あまりやる気は出ないでしょう。新しく学ぶことが多過ぎると心に負担がかかり過ぎてしまうのです。

　英会話表現集や単語集、文法問題集などを買うときは、ネットではなく書店で手に取って、「これならできそう！」と直感できるものを選びましょう。この「できそうだと思える」ことが、何よりも大切です。

　むしろ、ある程度は知ってるけど、知らないものもあるな、と感じるものくらいがベスト。

　ひとつの目安として、「８割くらいは知っている内容で、２割

くらいが新しい内容」の本が最適です。私たちは、似たような参考書を比較すると、ついつい新しい学びがより多く含まれているものを選んで買いたくなります。同じ1000円を出すのなら、未知の知識がたくさん書かれていたり、分厚いほうを「お得」だと感じてしまうからです。

　気持ちはよくわかりますが、これでは、つまずいたときに一気に挫折につながってしまいます。ましてや、本を買う瞬間に「学ぼう」というモチベーションが最高点に達しています。買った後は、さまざまな理由や言い訳によってモチベーションが減退していくもの。だからこそ、**自分の能力の2割増し程度の参考書を選ぶことで、意欲が持続するのです。**

▶ **できそうだと思える参考書を選ぼう**

✖ 続かない　　　　　⭕ 続けられる

Rule ### 参考書のレベルは「8割わかる」ぐらいがベター

Section 2

能率を上げるには?

できる人 → 「環境を変えて」
集中力を増す

できない人 → 「同じ環境」で
誘惑に負ける

▶ 家の中には 誘惑がいっぱい！

　勉強を続けるコツは、障害となるものを遠ざけておくことが欠かせません。

　私の場合は、基本的に家では勉強はしません。というよりできません。家にはいろんな誘惑があるからです。効率的に学ぶには集中力が必要になるのですが、テレビや雑誌が目に入ると気になってしまうかもしれないですね。

　真っ黒なテレビを見て、「あ、録画してあったドラマをまだ見てなかった」と思い出すかもしれませんし、喉が渇いたからと冷蔵庫へ足を伸ばしたら、洗い物をするのを忘れていたことに気づいて、ついつい洗ってしまうかもしれません。

　家の中というのは自分に関するものが多すぎて「集中できない」につながってしまいます。

　だから私は家を出て勉強をすることにしていました。そのほうがメリハリもつきますよね。家はしっかりと休む場所。そう考えれば、脳や身体をリフレッシュさせることに集中できます。

　大学受験をしたときは予備校の自習室に、大学院を受験したときは、大学の図書館や語学学校の自習室にこもっていました。現在は原稿を書いたり、企画を考えたりするときはカフェにこもっています。

自分に関するものが身の回りにほとんどないため気が散りにくくなるのです。とても集中しやすい環境です。

　ですから、場所、つまり環境を選ぶことで、英語学習は一気にはかどります。何をするかだけでなく、どこでするかも同じく大切なのです。

　あなたには、「あそこに行けば集中できる！」と思える環境はあるでしょうか。もしなければ、良い環境を探すことから始めてみてはいかがでしょうか。

　私は開放的なカフェが最も集中できます。天井が低かったり、椅子が所狭しと並べられたカフェよりも、窓から外を眺められるところが私にはベストな環境なのです。ぜひ、あなたにとって、集中できる環境を見つけてください。

Rule 学ぶ場所を変えるだけで集中力はグッと増す

▶ 家を出て学ぶのも手

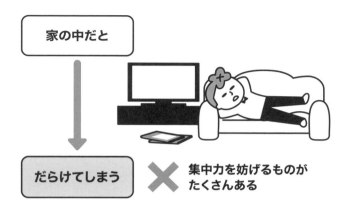

家の中だと

だらけてしまう ✕ 集中力を妨げるものが
たくさんある

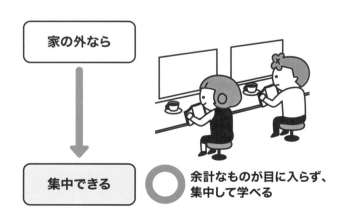

家の外なら

集中できる ○ 余計なものが目に入らず、
集中して学べる

Section
3

学習習慣を
つけるには？

できる人 → テキストを
「見える場所」に
出しておく

できない人 → テキストを
「本棚」に入れておく

勉強をすぐ始められる環境にする

　学習を続けるためには、いかにして学習をスタートするまでのハードルを低くするかが大切です。

　例えば、「朝からこのテキストをするぞー！」と思っても、朝起きたときに気持ちが乗らないことはあるものです。そんなとき、テキストが本

棚にしまわれていたら、本棚から取り出すというステップが必要になり、面倒くさくなるででしょう。

「英語学習は継続が命」ですから、「テキストは常に見えるところに置いておくこと」が大事です。例えば、「机の上に置いてから寝る」「目のつくところに置いてから寝る」ということを徹底してみてください。

　これだけでもテキストを開くまでのハードルが低くなります。なるべくあれこれ考える隙を与えず、自動的にテキストを手に取り、即座に開く仕組みを作っておくことが大事です。

> **Rule** 夜、練る前にテキストをセットしておこう

モチベーションを
保つには？

できる人 → 〝超〟短期目標で
やる気を高める

できない人 → 長期目標で
やる気を失う

大半の人が 新年の目標を達成できないわけ

モチベーションを長く保つことは難しいものです。

アメリカのある研究では、「80% の新年の抱負が2月までに消滅してしまう」ということがわかっており、目標は達成されることなく消え去りやすいものだといえます。

私は挫折することで感じる「無力感」を幾度となく味わってきましたから、モチベーションの維持がどれほど難しいかは身にしみてわかっています。結論からいうと、「**モチベーションを90日以上保つことは非常に難しい**」のです。

「思い立ったが吉日」という言葉のように、多くの場合、最初はモチベーションは高いのですが、その後どんどんモチベーションは低下していきます。

 # モチベーションが とぎれない学び方とは？

だからこそ、語学学習をするときは「短距離走の連続」を心掛けましょう。**長期目標を立てるのではなく、〝超〟短期目標を立ててクリアしていき、達成感を味わうのです。**

特に最初のうちは、長く時間をかけないと終わらないような問

題集や参考書を買ってはいけません。何でもスタートでつまづくとあとあとしんどいですから、スタートがスムーズに切れるようにしましょう。

　小さな達成感の連続が結果的に長く学習を続けるカギです。

　例えば、薄くてすぐに終わってしまいそうな本を買ってきて、「これを２週間で終わらせる」ことをまず最初の目標にしてみるのです。

「１ヶ月の目標」でも中だるみをしてしまうので、「１週間や10日単位での目標を立てる」のです。小さな目標を立ててはクリアし、立ててはクリアし、を繰り返していくと、どんどん学習が楽しくなっていくものです。

　薄い単語帳を買って、それを２週間で覚えてしまえば、わかるものが次々と増えていくので楽しくなります。

▶ 小さな目標を立てるのがコツ

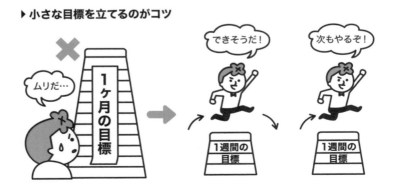

　一方、上達しない人は長いスパンで目標を立て、賢くなりそうな雰囲気を醸し出す分厚い本を買ってきて、そのままお蔵入りとなってしまいます。長くて出口の見えないものはよほどの強い動機がない限り、毎日コツコツ取り組むことは難しいのです。

　なんでもエンジンをかけるときに最もエネルギーを使います。エンジンをかけるタイミングでハードルが高いことをやってしまうと挫折を招いてしまいます。
　ぜひ、すぐ終わらせることができる参考書を買ってきて、短期決戦で終わらせてしまいましょう。

Rule　1週間単位で目標を立て、クリアする喜びを味わおう

どうすれば勉強が
はかどる？

できる人 →「脳のリズム」を
フル活用する

できない人 →「疲れた脳」で
自信を失う

▶ 脳には
バイオリズムがある！

　皆さんは１日の中で「脳のリズム」を意識して段取りを組んでいますか？

　１日の中には、脳が活発なときと、そうでないときとがあります。脳が活発なときに思考力や集中力を要する勉強に取り組めば、スムーズに頭が働きますが、不活発なときに取り組むと、全く勉強が進まずストレスを感じることでしょう。

　１日の中で波のように上昇したり下降したりを繰り返す脳のバイオリズムは、まるで潮のようです。やみくもに勉強をこなすよりもその潮の流れを読みながら段取りを立てることで生産性が上がります。

　起きてからの２、３時間がそのピークで、最も効率よく脳が働く時間帯です。朝をピークにその波はお昼頃にかけて低下していきます。波が高い状態のときは、集中力も判断力も高くなっているので、**思考力と意志力を必要とするものに取り組むことがベスト**だといえます。

　例えば、文章を書いたり、資料を作成したりなどがそれに当たります。この時間に脳への負荷が低い単純作業やメールのチェックばかりしていると、最もクリエイティブに頭が働く時間帯をム

ダに過ごしてしまうことになります。スキマ時間でもできること
をこの時間帯にわざわざ取り組む必要性はないのです。

『What The Most Successful People Do Before Breakfast（うま
くいっている人は朝食前にいったい何をしているのか）』の著者
である、Laura Vanderkam さんは「**早朝は〝意思の力の供給〟
が一番高まる時間**」だという**研究結果を示しています**。ですから、
直面している課題や、気合を入れて取り掛かる必要のある仕事は
この時間帯がベストということになります。

▶ 仮眠すると
意思力が回復する

　お昼頃にかけて脳の機能が低下して、昼食を食べると眠気が
襲ってきます。生理的に脳がスリープモードに入っているわけで
すから効率がいいはずがありません。

　ですから、私は毎日昼寝をする時間を計算してスケジュールに
入れています。パワーナップをとるということです。パワーナッ
プとは簡単にいえば 15 分から 20 分程度の仮眠のことです。**ミシ
ガン大学の認知心理学の研究でもパワーナップによって私たちの
意思力は回復する**ことがわかっています。その効果は 2 〜 3 時間
続きます。

　朝起きたときと同じほどの状態には戻りませんが、自分をコン

トロールする力が強まり、行動力が高まります。30分以上寝てしまうと逆効果なのできちんと目覚ましをセットして、パワーナップを取っています。布団に入って昼寝をするというよりは、机の上で仮眠する、あるいは、昼食後に移動を入れて、バスで少し寝る、といったイメージです。**パワーナップが取れない人は、昼食後に軽く散歩をしてみるのも効果的です。**

　眠気は生理現象ですから、逆らっても効果は上がりません。むしろ、それを理解した上で、いつどのように学ぶのかを決めることは勉強をスムーズに進める上でとても大切なことなのです。あなたはどんなときに頭が冴えて、どんなときに眠くなるでしょうか。一度振り返ってみてください。

　もし勉強の効率が悪いなと感じたら、「何をやるか」と同じように、それを「いつやるか」も大切にしてみましょう。順序を変えるだけでも効率は大きく変わるものです。

Rule # 脳の活発度に応じて学び方を工夫する

Section

6

学習効果を
高めるには?

できる人 → 朝、勉強する

できない人 → 夜、勉強する

学習効果に
歴然とした差が出る

　英語学習をするなら朝時間を活用しない手はありません。朝起きたての脳の状態は、まさに整備されたグラウンドのようなもの。そこがピークです。1日活動していると、いろいろな判断をしたり、さまざまな情報を処理したりしますから、脳に負荷がかかり、**午前中をピークに脳は疲れを蓄積していきます。**

　朝の時間というのは吸収力がバツグンです。私の生徒さんで学習効果が高い人とそうでない人の違いを分析してみると、**時間の使い方が上手いかどうかで、学習効果に歴然とした差が出ていることがわかっています。**

　夜の疲れた吸収力の落ちている時間帯に、なんとか勉強しようとしても、効率が悪いに決まっていますよね。こうした時間の使い方をしている方には真っ先に、時間の使い方についての指導をします。

　何をやるかも大事ですが、いつやるかも同じくらい大事だからです。

　夜、取り組んでもわからなかった問題を朝やってみたらすんなり理解できたり、スラスラと解けたりすることがあります。このような大きな違いを味わうことができるはずです。是非、朝時間を活用してほしいと思います。

期限があるから 集中できる

　朝の時間は、通学や通勤前であるため、夜に比べて時間が限られています。限りがあるからこそ学習効果が高まります。

　例えば、「この書類を明日までに仕上げてほしい」と言われるのと、「この書類、できるときにやっておいてほしい。時間があるときでいいから」と言われるのとでは、どちらが真剣に取り組むでしょうか。
　期限が差し迫っているほうが、「やらなきゃ」という意識を持つはずです。

　英語の学習も同じです。朝の時間は有限なので、家を出るまでの限られた時間でやるからこそ、身が引き締まり、集中力が増すのです。

「音読をする」と決めたならば、例えば6時に起きて、シャワーを浴びて、顔を洗って、朝食を食べて、身支度をして、家を出る。その中で時間を見つけるわけですから、当然時間は限られますよね。

　一方で、夜の時間はというと、

夕食を食べて、テレビや YouTube を見て、お風呂に入って、さあそろそろ頑張ろうか、とダラダラ過ごしてしまいます。

　差し迫った締め切りがないうえに、夕食後だと、脳が疲れている上に眠気も襲ってくるという状態に陥ってしまいます。非常に効率が悪いのです。夜型から朝型に切り替えるメリットは非常に大きいのです。

Rule 脳が冴えた朝時間は最高の勉強タイム！

勉強の先延ばしを
やめるには？

できる人　試験日を
〝今スグ〟決める

できない人　「試験を受けなきゃ」
と考える

試験日を決め、
自分を追い込む

「追い込まれないとやる気が出ません」

　度々、こうした相談を受けますが、私に言わせれば、「追い込まれたらできるのであれば追い込まれるようにすればいい」と思います。

　多くの人は「テスト前」になればなるほど「やらないといけない」という意識を持ちます。だからこそ、**資格試験を受験して、できるだけ多くの「テスト1週間前」の状況をつくればいいの**です。試験を受ける決意をし、試験に申し込むことで、やっと自分を追い込めるのではないでしょうか。

　英検や TOEIC®などの試験は、比較的安価で受験できますから是非、利用しましょう。実際のところ TOEIC®は頻繁に開催されているのでいつでも受けられるメリットがあります。

　しかし、逆にいうと先延ばししやすいのも事実です。「3月に受けようかな」と思っていても、「いや4月のほうがいいかもしれない」とズルズル延ばしやすいので注意が必要です。

　一方、英検は年に3回しかチャンスがありませんから、決められた期日内でいつ受けるかを決めることになります。外圧がかかるので、あまり言い訳はできませんね。

目指す点数の内訳を
具体的に決めよう

　TOEIC®はこまめに受験ができること、5点刻みの990点満点でスコアが出るので、努力が数字に表れやすいので特に英語学習の初期段階にはモチベーション作りに向いているといえます。

　とはいえ、TOEIC®のスコアが良いからといって英語が話せるかどうかは別の問題です。あくまでも英語学習のバロメータのひとつとして利用するのはアリでしょう。

　TOEIC®を受験するときは、はっきりした目標スコアを持つことです。「600点くらい」ではなく、「**リスニング350点・リーディング330点の合計680点**」というように具体的な目標設定をします。これにより、学ぶ目的もはっきりし、より効果的に勉強することができるからです。

®

▶▶ まずは英検、TOEIC®で スコアUPを目指そう

　漠然と英語学習するよりもはっきり数値化された目標に向けて勉強するほうが本気になれますし、数値が軸のひとつとなるのでモチベーションを保ちやすくなります。受験のたびに、プラス５点に喜び、マイナス５点に悔しがることができます。**この嬉しさ・悔しさが毎日の英語学習の「モチベーション」につながります。**

Rule　試験日を決めると、 毎日、学ぶリズムができる

目標を
100％達成する
コツは？

できる人 → 目標の先に
あるものを意識する

できない人 → 目標を立てて
満足する

目標を願いごとで
終わらせないコツとは？

　目標があることで、そこから逆算をして何をする必要があるか
を考えることができます。例えば、「TOEIC®で 600 点を取る」と
いう目標を立てることによって、「それを達成するには何が必要
なのか」を具体的に考えるようになります。

　しかし、目標が成し遂げられないままになってしまうのはなぜ
でしょうか。

　その大きな原因は「何のために目標達成するか」がはっきりし
ていないからです。例えば、

・TOEIC®で 600 点を取って、どうしたいのか

・英語が話せるようになって、どうしたいのか

　こうした展望が必要です。目標というのは通過点にすぎません。
目標を達成した後の自分はどんな自分になっているかのイメージ
はできているでしょうか。

▶ **目標達成後、どうなりたいかが大事**

英語を使って活躍する

こうした将来の展望がなければ、目標は単なる願いで終わってしまうでしょう。

「叶えたいこと」を イメージする

　心理学では、**将来の自分をはっきりとイメージすればするほど、人は将来の自分像に近づいていくための行動をとるようになる**ということが、さまざまな実験から確認されています。「予言の自己成就」と言われることもあります。

　予言の自己成就とはアメリカの社会学者マートンが提唱したもので、たとえ根拠のない思い込みであっても、人々がその予言を信じて行動することで、予言通りの現実がつくられていくということです。

▶ 予言の自己成就とは

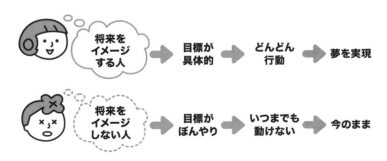

そこで、将来の自分を身近に思い描くためにお勧めしたいのは、**将来の自分を「過去形」で考える**ことです。

私はケンブリッジ大学に入学する前の１年間、ケンブリッジにある語学学校で英語を学びました。

語学学校で勉強している日々の中で、ケンブリッジ大学が醸し出すアカデミックな雰囲気に心を奪われました。それから「ケンブリッジ大学に入りたい」と目標を明確にしたわけですが、この目標を持ったとき、私はケンブリッジ大学のキャンパスで自分が勉強している姿をすでに思い描いていました。

すでに合格して学んでいた、という「過去形」で自分の姿を明確にイメージしていたのです。どんな人とどんな環境で学び、どんな生活を送っているのかをリアルに想像していました。

このように**過去形でイメージするためのキーファクター**は、それを実現している人を**「自分の目で見る」**ことだと思います。実際に見ることで、細部まで具体的にイメージをふくらませることができるからです。

ですから、目標を持ったら、それを達成している人に会ったり、そうした環境に足を運んだりしてみましょう。目標を達成したあとの自分を鮮明にイメージできると、目標にしっかりとした背骨を構築することができるようになります。

　イチロー選手は子どもの頃に、「一流のプロ野球選手になること」「中日ドラゴンズか、西武ライオンズに入団すること」「契約金は1億円以上が目標」だと、明確なイメージをしていたといいます。そうなっている自分を明確に描いていたのです。
　このように、自分の未来像を「もうそうなっているかのように」イメージするだけ、でいいのです。

▶ 活躍する場面を 思い浮かべてみよう

　あなたは、英語を使っている自分をどのようにイメージしていますか。

　具体的にどんなシーンで英語を使っているでしょうか。
　海外で暮らし、仕事をしている自分でしょうか。

スポーツ選手の通訳をしている自分でしょうか。

マルチナショナルな会社に就職して会議を英語でこなしている自分でしょうか。

できるだけ鮮明にイメージを描くことで目標を達成する意欲がわいてきます。

また、「今、自分は何（能力など）を持っていて」「足りないものは何か」が明確になるため、やるべきことがはっきりします。その意味でも、英語を使ってどうなりたいのかをできるだけ明確にイメージすることは大事なのです。

Rule 「活躍している自分」を具体的にイメージすると達成力が増す

Section
9

パフォーマンスを
上げるには？

できる人 → やることを
「2つ」に分類する

できない人 → 何となく取り組む

▶ タスクを思考系と作業系に分ける

　効率的な英語学習をする上で重要なのは、脳が最も活発な時間帯に最も集中力を必要とする取り組みをすることです。

　高いパフォーマンスを発揮するためには、まずはやることを大きく2つに分類することが重要です。それが、「集中力が必要なタスク（思考系のタスク）」と、「それほど集中力が必要でないタスク（作業系のタスク）」です。

▶ やるべきことを仕分けして取り組もう

　例えば、単語帳を覚えるようなタスクは、電車の中やバスの中、テレビを見ながらでもできます。一方で文章問題を解いたり、小論文やレポートを書いたりするときは、まとまった時間と集中力

を要します。

　このように、作業系のタスクは細切れ時間を活用すればいいですが、集中して取り組まなければならないタスクはそのための時間を確保して取り組まないと非効率のスパイラルにはまってしまいます。

　学習計画がうまく立てられない人は、まとまった時間が取れる時間帯に、作業系のタスクに取り組んでしまい、集中力が必要なタスクに時間を割けない、あるいは脳が疲れて働かない、という事態に陥ってしまいます。
　やることをしっかりと分けて、それぞれをいつやるのかを段取りしていきましょう。

▶ 英語ができる人は
こんなふうに勉強する！

　まずは、タスクを思考系と作業系に分類し、それぞれを「いつやるのか」をしっかりと考えてみましょう。あなたのポテンシャルを最大限に引き出す段取りはここから始まります。

　私の場合は、単語の暗記は電車の中のみで行うと決めていました。連続的な集中力を必要としないからです。一方で、長文を読んだり、書いたりする場合はやはり一定の時間が必要ですよね。スキマ時間にやっても頭に入りませんし、効率も悪いので、

朝のまとまった時間に集中して取り組みました。

　今の勉強はまとまった時間にやるべきことですか。
　それとも細切れの時間でもできることですか。

　しっかりと分類して、適した時間に取り組みましょう。

Rule　タスクを2つに分類し、いつやるか決める

Section
10

学習を中断しない
ためには？

できる人 ▶ スマホを遠ざける

できない人 ▶ スマホに頼る

106

「スマホで学習」は
やめるのも手

是非、一度振り返ってみてください。あなたがスマホにインストールしたアプリでどれくらい集中して学習できているかを。「さあ頑張ろう！」と思ってアプリを開いても、SNS や LINE の通知がくると、それが気になって見てしまう……。こんなふうに、「あまりうまくいっていないな」と感じるのであれば、スマホでの学習という選択肢を外すほうがいいかもしれません。これで誘惑にも勝たなくてもよくなるはずです。

 # 「誘惑物」への
接触回数を減らそう

2017 年のカールトン大学のマリナ・ミリャフスカヤ教授とトロント大学のマイケル・インズリット教授は、159 人の大学生を対象に研究を行ったところ、目標達成率は誘惑との接触回数に反比例するということがわかりました。

つまり、**誘惑物との接触回数が少なかった人が最も目標を達成できたのです。目標を達成したければ、そもそも誘惑物との接触をなるべく減らさないといけないわけです。**
誘惑に負けないようにセルフコントロールすることが、モチベーションの低下の原因となるからです。例えば、ダイエットの

ために、目の前のアイスクリームを食べないという選択は、「本当は食べたい」という本心が押さえつけられている状態になります。このときのもどかしさ（枯渇感）がモチベーションの低下を招き、目標達成への活力を奪ってしまう大きな原因だということなのです。

この研究結果から導けることは、**目標を設定するときには、「何が障害になるかをあらかじめ明確にすること」「セルフコントロールをしなくてもいい環境に身を置くこと」**が大事です。自制しないで良い環境を作り上げておけば目標達成率は圧倒的に高まるのです。

英語の勉強が続かない、集中できないのであればスマホで勉強するのではなく本に切り替えてみましょう。また、手元にスマホがあると、結局は気になってしまうでしょう。そもそもスマホをいかに遠ざけておくか、ということが集中するためには大切なのです。「**バッグの中にしまっておく」「音やバイブが鳴らないように通知音を切っておく」「別の部屋にスマホを隔離する」「スマホを持たずに出掛ける」**などの方法が考えられます。

Rule　勉強が続かない人は、スマホ学習をきっぱりやめる

Chapter 3

「スピーキング」
「ライティング」の
すごい学び方

英語で会話する
コツは？

できる人 ▶ 「会話のフロー」を
大切にする

できない人 ▶ 「文法」を忠実に守る

文法をミスしても
意味は通じる

　英語学習を始めようと思ったら、「まず文法！」と思っている
人は少なくありません。

　**私はこの「文法の勉強」という刷り込みこそが会話力の壁となっ
ていると感じます。**例えば、「goの過去形はwentだったっけな？」
と考えることで会話のテンポは一気に悪くなってしまいます。

　最初は時制やsなどは気にしなくてかまいません。

　例えば、tomorrow をつければ明日のことだとわかるし、next
week と言えば来週だということもわかるでしょう。

　そしてsです。he wants とsがつくところが、仮に he want
と言ってしまっても、文の意味は伝わりますし、誰も全く気にし
ません。

　お店に行ってハンバーガーを2つ頼みたいときも、もちろん正
しく言うならば two hamburgers とsがつきますが、sが無かっ
たからといってオーダーが通らないなんてことはあり得ないの
です。

　何よりもったいないのは、文法ばかりに気を取られ、本来話そ
うとしていたことや、話したかったことが言葉にされないこと
です。

　例えば、皆さんの周りに海外からの留学生がいたとして、その

留学生が多少間違えた日本語を話していても、いちいち訂正したりしませんよね。何を伝えたいのかということに意識を向けて聞いているはずだからです。

　皆さんが英語を話すときも同じです。日本の学校英語では時制やsをつけることの重要性が強調されるが故に従わなければならないという意識を持ってしまっているのです。こうして「まだまだできないところがある」と思い込み、「気をつけなきゃいけない」というマイナスのスイッチを脳に埋め込むことになるわけです。

 ## 話せる人ほど、
文法は気にしない

　文法というのはあくまでも、マジョリティーとされる人たちが話す英語のルールを体系立ててまとめただけのものであり、それが全てではありません。本来、言葉は生き物ですから、地域によって表現方法は異なります。一定のルールを守ることは大事ですが、それだけに囚われてしまうと、いつまでたっても会話力は身につきません。

　実は、英語がペラペラな人ほど、「私は文法がわからないんです」「文法のテストをしたら全然点数が取れないんです」とよく言います。英語が話せる人ほど、英語を頭ではなく身体で覚えているからです。スポーツと同じ感覚です。
　いくら本を読んで勉強しても、ボールを蹴ってみないことには

サッカーは上手くなりません。自転車に乗れるようになるのもたくさん乗る練習をするからですよね。

　英語を話せるようになりたいと思ったら、まずは文法書は脇に置いていてください。

　英語が話せる人は、文法のルールをいかに守るかではなく、文法的な間違いがあったとしてもどんどん自分の言いたいことを口にすることを大事にします。**文法的な正しさではなく、会話のテンポの良さを第一に考えるのです。**

　皆さんも英語を使って話すときには、「**文法を気にして会話のテンポが遅くなることが一番ダメなことだ**」と肝に銘じてください。間違ってもいいので、会話のフローを大切にして話してください。もしも、時制がわからなければわかる時制で話せばいいですし、sが落ちたことに気づいたとしても、そのまま気にせず話せばいいのです。

> **Rule** 「正しさ」よりも「会話のテンポ」を大事にしよう!

Section

2

「使える単語」は
どのぐらい必要？

 できる人 → 「基本5動詞」を
使い回す

 できない人 → 「難解な表現」に
チャレンジする

▶▶「5つの動詞」で
たくさん表現できる

　日本語も英語もそうですが、単語学習というのはキリがありません。英語の上達が早い人は「使える単語」が少なくても上手に話すことができます。なかでも基本となる5つの動詞を徹底して使えるのが特徴的でしょう。

　一方でなかなか上達しない人は、「**たくさん単語を覚えれば話せるようになる**」と勘違いをしています。実際はそうではないのです。私たちの日本語での日常会話をとってみても、それほど難しい単語を多用しているでしょうか。新聞や本などの文章や、ビジネスや学会での会話といった特別な場合を除いては、それほど難しい単語を使わないはずです。

　実は、「**5つの基本動詞**」を覚えるだけで、**かなりたくさんのことが表現できる**ようになります。その動詞が、have・do・make・give・take です。

Point

have・do・make・give・take を使いこなすと
表現力が上がる！

例えば、「事故に遭う」は「have an accident」。

「なぜ『have』なのか？」という疑問は、日本語学習をする外国人が感じる「なぜ『遭う』なのか？」という疑問と表裏一体をなしています。日本語と英語ではそもそもの概念が違うので、英語を学ぶということはそれを学ぶということなのかもしれません。

　また、have でいうならば、**have breakfast** で「朝食を食べる」ですし、**have a cold** で「風邪をひく」です。

「髪を整える」なんてどう言えばいいのかわからないかもしれませんが、**do my hair** と表現するので do でいいのです。**do the dishes** で「皿洗いをする」という意味でも使えます。

　また、give の場合だと、**give a hand** で「手を貸す」という意味で使うこともできますし、**give a speech** で「スピーチする」という意味になります。

　ここからわかるのは日本語の概念と英語の概念の違いですよね。感覚が全く違うのです。**英語を攻略するためにも、まず「5つの動詞」の使い回しをマスターすること。**これにより英語ユーザーの感覚がわかってくるはずです。

Rule 基本動詞を使えば、語彙は爆発的に増える！

便利な表現① have

have breakfast	朝食を食べる
have a cold	風邪をひく
have a good time	楽しく過ごす
have a conversation	会話する
have a drink	飲み物を飲む
have a haircut	髪の毛を切る
have a holiday	休暇をとる
have a problem	問題を抱えている
have a rest	休憩する
have lunch	昼食をとる
have an appointment	約束がある
have a bite	食べる（かじる）

便利な表現② do

do my hair	髪を整える
do the dishes	皿洗いをする
do business	ビジネスを行う
do research	研究する

do someone a favor	誰かの頼みを聞く
do one's best	最大限の努力をする
do one's hair	髪を整える
do the cleaning	掃除をする
do the flowers	生け花をする
do the laundry	洗濯する

便利な表現③　make

make money	お金を稼ぐ
make a mistake	ミスをする
make it	都合がつく、間に合う
make sure	確かめる
make a difference	変化を起こす
make an effort	努力する
make progress	進歩する
make headway	前進する
make a speech	スピーチする

便利な表現④ give

give a hand	手を貸す
give a speech	スピーチする
give a ride	車で送る
give a party	パーティーをする
give a sigh	ため息をつく
give a kiss	キスをする
give you a chance	君にチャンスを与える

便利な表現⑤ take

take a bath	お風呂に入る
take a walk	散歩する
take a break	一休みする
take a chance	チャンスをつかむ
take a rest	休息をとる
take a seat	着席する
take a taxi	タクシーに乗る
take an exam	試験を受ける
take notes	メモを取る

Section
3

発音は
どのぐらい大事？

できる人　発音を捨てる

できない人　発音にばかり
こだわる

120

▶ そもそも 「正しい発音」は存在しない

　英語がペラペラの人の英語を耳にするとかっこいいですし、洋画や海外ドラマに出てくるアクターの英語の発音はかっこいい。憧れる気持ちもわかります。

　しかし、よく考えてみてほしいのですが、日本のテレビに出ているデーブ・スペクターさんの日本語は私たちと全く同じ発音でしょうか。彼は長年日本に住み、日本語で仕事をこなしているにもかかわらず、やっぱり英語特有のクセが残ってますよね。でも、そんなことは誰も気にしません。それよりも**何を話すのか、どう話すのかのほうが圧倒的に重要**です。

　英語が上手い人たちは、会話するときに発音はそれほど重要ではないことを知っています。

　そもそも正しい発音というものが存在しないのです。日本語でも、地域によって発音は全く違いますよね。関西弁をイメージしてみるとかなり独特な発音ですよね。これは英語圏でも同じです。ましてや世界17億人が英語を話すわけです。たくさんの発音があって当たり前といえば当たり前で、伝わればどれも正しいのだと思います。

　イギリス英語とアメリカ英語でももちろん発音は違います。

water [wɔ:tər] はイギリスでは「ウォータ」とカタカナのように発音しますが、アメリカでは「ワラァ」のように発音します。アメリカでは t の音が変化して、最後の er の音は舌を巻く感じで発音します。イギリスでは r の音はあまり発音しません。

　today［tədéi］の発音はみなさんご存知ですよね。

　しかし、オーストラリアの人たちは「トゥダイ」と発音します。

　挨拶するときは「How are you today?」（ハワユトゥダイ？）なのです。

　日本国内でもたくさんの発音があるように、イギリスといっても国の中でも発音は全く異なります。北部では bus [bʌ's] の発音が「ブス」になります。同じ国に住む者同士でも発音が理解できないことがあります。

　ですから、日本語英語があってもいいですし、コンプレックスを抱える必要はありません。茂木健一郎さんや本田圭佑さんはSNS に英語で話している動画をたくさんアップされていますが、日本語英語の発音です。でも、メッセージを伝え、たくさんの人を動かしています。

▶ 会話の文脈から言いたいことはわかるもの

　よく日本人は「『light と right』の違いをちゃんと発音できない」と言われますが、会話の流れを考えれば、どちらの話をしているのかわからないなんてことはないですよね。

　例えば、rの音をちゃんと発音できないとrice（米）はlice（シラミ）と聞こえてしまうかもしれません。しかし、食事のシーンで、パンかライスかを選択するときに、仮にliceと聞こえても、誰がシラミを出してくるでしょうか。会話の文脈上、ふさわしい言葉に置き換えて考えるのが一般的ですから、必要以上に発音を気にしすぎなくていいのです。

　ただ、勘違いしてはいけないのは「発音の練習は全く必要ない」と言っているわけではない、ということです。やはり「発音の練習」は大切です。厳密にいえば「英語の音を知る練習」というほうが近いでしょう。

発音練習

↓

音を知る

↓

リスニング力UP！

　英語の音を知っておくと圧倒的に英語が聞こえるようになります。音を知ることでちゃんと聞き取れるようになり、リスニング力が伸びるのです。会話においては相手の話を理解することがとても大切なので、英語の音を知り、リスニング力の向上につなげましょう。

Rule　英語の音を聞く練習を積むと、リスニング力がグッと伸びる！

英語で
パッと話すコツは?

できる人 ▶ パターンで話す

できない人 ▶ 翻訳思考

難しい言い回しはやめ、 ざっくりと言ってみる

「思い浮かんだ日本語を英語にしたい」と思うのは自然なことです。しかし、その翻訳思考を脱却しないと英語はなかなか話せるようにはなりません。

そもそも日本語は抽象的な名詞が多い一方、英語はより具体的な表現が必要という違いがあります。日本は婉曲的に伝えても通じ合える文化なのですが、英語は様々なバックグラウンドを持つ世界中の人たちが使う言葉なので抽象的だと誤解が生じてしまうからです。

そのために重要なのは、日本語をまず噛み砕くということ。大人になるにつれて日本人は難しい単語をたくさん使うようになり、それが英語を話せない原因を作り出しているのです。

英語にできない　　　　サッと英語で言える

まず５歳ぐらいの日本人の子供を相手に、日本語で説明する場面を想定します。できるかぎりシンプルに、何を伝えたいのかを整理して日本語の内容を決めれば、英語で同じことを言っても簡潔で説得力のある内容になるでしょう。

　難しい日本語のまま英語に直訳すると、難解でよくわからない、独りよがりな説明になってしまいがちなので気をつけましょう。

▶ こんなふうに 表現してみよう

　例えば、「田中さんとは、とても気が合うの」と言いたいとき、「気が合う」を英語に変換すると難しいですが、

「気が合う」を簡単で同じような意味の言葉に置き換えると、「仲が良い」となります。

「田中さんとは、<u>とても気が合うの</u>」

↓

「仲が良い」に置き換える

↓

Mr.Tanaka is my best friend!

別の例も紹介しておきましょう。

「私は食べることに夢中なの」と言いたいとき、どうしますか？

「夢中って、どう言えばいい？」となりませんか。

ざっくり意味を取ると「大好きだ」ということですから、「夢中＝大好き」と変換できるので、I really like eating! で通じてしまいます。

「私は食べることに<u>夢中なの</u>」

↓

「大好き」に置き換える

↓

I really like eating!

最後に、もう一つ紹介しておきましょう。

　相手に「昨日は何をしてたの？」と聞かれたとします。

「昨日はアルバイトをしていました」と言おうとすると、「アルバイト」の意味が相手に通じるのか通じないのかわからないですよね。

　アルバイトは part time job ですが、別にこれがわからなくても問題ありません。アルバイトは仕事ですから、I worked yesterday. で十分です。

「昨日は<u>アルバイトをしていました</u>」
↓
「働いていた」に置き換える
↓
I worked yesterday.

　このように幼稚園児に話しかけるように日本語を噛み砕くこと。これが英語で表現するときのコツです。

　言いたいことが英語にならないように感じた場合は、

「それってどういうことだっけ？」

　と自問自答してみるのです。そうするとスッと思い浮かんだ難解な日本語を易しいものに置き換えることができるようになります。これなら知っている単語の組み合わせで表現できるようになります。

　単語力をむやみやたらに増やそうとするのではなく、日本語の変換力を高める──。

　それだけで、「話せる英語」は爆発的に増えていくものです。

Rule **5歳の子どもにも
わかるように噛み砕こう**

表現力は
どうしたら身に付く？

できる人 → フォーマットで
日記を書く

できない人 → 話す練習ばかりする

▶ ライティング力は 話す力につながる!

　瞬発力を鍛えるための方法は、これまでにいくつか説明してきましたが、「なかなか会話が続かない」「いつも一文で終わってしまう」こんな課題を感じている人も多いのではないでしょうか。

　スピーキングはライティングと表裏一体の関係になります。頭の中で英語を作り出す発想はライティングと全く一緒ですよね。思い浮かんだアイデアを、英語に置き換えて、それを声としてアウトプットするのか、ペンを走らせてアウトプットするのかということですから。

　なお、英語を書くときは英語を話すときに比べて時間的に余裕があるので、あれこれ考えながらアウトプットできますし、書い

たものを目で確認することもできます。文字にして書き出すスピードを速めていくことで、頭の中にアイデアが浮かんでくるスピードも早くなりますし、それを英語に置き換えるスピードも早くなっていきます。

　結局のところ、話すというのは、
「アイデア（話したいこと）」×「英語変換力」×「音」
　ですから、書くことでこの前半の２つを鍛えることができます。

▶ ライティングのメリットは……

アイデア × 英語変換力 × 音

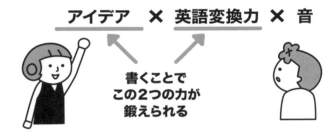

書くことで
この２つの力が
鍛えられる

手書きではなく、タイピングしよう

　これは私が大学で講義をするときにいつも伝えていることですが、書くことで圧倒的にスピーキングが上達したという人をたく

さん見てきました。

　厳密にいうと、書くというよりは、パソコンにタイプするほうがベターです。タイピングだとスピードが求められますよね。一定の時間的制約があるので適度にプレッシャーを感じることができきます。

▶「DCAP リフレクションノート」を作ろう

　実際には、「DCAP リフレクションノート」を作ると効果的です。リフレクションとは省察のことで、簡単にいうと「振り返り」のことです。

▶ DCAPリフレクションノート

リフレクション
振り返りノート

D ＝ Do「実行」

C ＝ Check「評価」

A ＝ Act「改善」

P ＝ Plan「計画」

私が学んだケンブリッジ大学の大学院の授業では、毎回このリフレクションについて口を酸っぱくして指導されました。行動は大事ですが、それをしっかりと振り返ることもまた同じく重要で、この振り返りがあるからこそ自分を高めていくことができるということなのです。

 # 「4行日記」を書こう

　PDCAをご存知の人は少なくないと思いますが、それをDCAPの順で説明するのです。Dは「どんなアクションをとったのか」ということです。買い物に行った、プレゼンをした、アルバイトをしたなど、どんな内容でもいいでしょう。

　Cは「そこでの気づきや感じたこと」を記入しましょう。どうだったのか、どう感じたのか。そしてAは「改善策」です。どうしたらもっと良くなるでしょうか。そして最後にPです。「明日や今後にどんな具体的なことをしてみようと思うか」です。

　ですから厳密にいうと「4行日記」です。
　一例を紹介しておきましょう。

(D) I went shopping with my friends.

(C) I wanted to buy some shirts
  but I could not find good ones.

(A) I think I should go to another store in Shibuya.

(P) This weekend, I have some free time.
  So, I will go there on Sunday.

(D) I had a meeting with Mr. Tanaka
  from ABC Company.

(C) My presentation was not as good as I expected.

(A) I think I should have prepared
  more information about XXX.

(P) Tomorrow, I will search information,
  make a document and send it to him.

　このパターンに乗せて書いていくことで、どのように表現すれ
ばよいのか辞書を調べて書くようになりますから、表現力もつき
ますし、話を広げるのも得意になっていくはずです。

Rule 「4行日記」で、表現力がグンと身に付く

Section 6

「英語が通じない……」の打開策とは？

できる人 → 腹式呼吸をする

できない人 → 胸式呼吸をする

伝わらないのは
「声のせい」だった！？

　日本人の英語がなかなか通じない原因のひとつは声の大きさにあります。電車の中にいる外国人観光客の声の大きさが気になりませんか。実はあのくらいの声の大きさが世界の標準で、日本人はおしなべて声が小さく、それが英語が通じない一因となっているのです。

　「通じないな」と感じるとき、あなたの英語の発音や表現が悪いのではなくて、小さな声で話しているから聞きづらいという可能性があります。海外では、いろんな人と話しているときに、声が小さいと、別の人の声が被さって、あっという間にかき消されてしまうのです。

　例えば、初対面の人との挨拶では、最初のひと言がとても大事です。相手の目をしっかりと見ながら笑顔で大きな声で挨拶をしましょう。そうしないと自信がないように見られてしまいます。挨拶するときは胸を張って、ガッチリと握手することも忘れてはいけないですね。

　「聞いてもらえる声作り」は英語を学ぶ上でとても大切なのです。本書では音読を勧めていますが、音読時には声の出し方を意識しましょう。レッスンを受けるのであればレッスン時から声の大きさを意識することが大切です。

大きな声が出る
コツがある！

　声の小ささを解消するために必要なのがいい姿勢を保つことです。日本人は猫背の人が多いため、声の原動力である呼気がしっかりと流れません。立つときは意識的に胸を張る。椅子に座っているときは姿勢を正す。まずはここからスタートしましょう。

▶ いい姿勢を保ち、腹式呼吸をしてみよう

　もうひとつ大切なことは、「腹式呼吸」です。
　呼吸のやり方には２つあります。ひとつは胸式呼吸で、もうひとつが腹式呼吸、つまりお腹から声を出すことです。

　腹式呼吸といえば声優や歌手などがボイストレーニングで練習するものというイメージが強いかもしれませんが、腹式呼吸のほ

うが声もしっかりと大きく出せますし、別でも述べますが、英語らしい抑揚をつけるためにも必要不可欠なのです。

　腹式呼吸の練習もしてみましょう。まず始めに、肺の中に入っている息を全て「吐き切る」ことから始めます。口を尖らせて、ゆーっくりと肺の中を空っぽにしていくように吐き出します。するとお腹が凹んだような状態になりますよね。

　そしたら鼻からゆっくりと息を吸います。お腹に空気を取り込んでいくようなイメージですね。腹八分目くらいまで空気がお腹に入ったような状態になればまた、口を尖らせてゆっくりと息を吐き出していきます。この繰り返しです。

　5分程度繰り返して、感覚がつかめてきたら、次は実際に声を出して練習してみます。そのときには声の大きさも意識してみることですね。普段の2倍くらいを目安に声に出して音読をしたり、オンライン英会話を受けてみたりすると効果的です。

**Rule　良い姿勢と
腹式呼吸を心掛けよう**

上手な意見の
言い方とは？

できる人 ➡ 「一問三答」で答える

できない人 ➡ 「一問一答」で答える

「会話が続かない」は
解消できる！

　日本人はネイティブスピーカーに質問をされると、Yes や No
は答えられても、その先の会話が続きません。

　相手に「why?」と聞かれても、なんと答えていいのかわからず、
タジタジしてしまうのです。それが、外国人からすると「あまり
話したくないのかな？」「興味がないのかな？」と受け取られる
原因となるのです。

　例えば、「What were you doing last night?」と質問されると、
多くの場合、「I was reading a book.」と答えて終わってしまう
のです。
　この一問一答式のやり取りでは話は膨らみません。英会話の先
生ならば、「What did you read?」と突っ込んでくれるでしょう。
しかし現実ではそんなふうには突っ込んでくれません。

　だから私は「一問三答で答えましょう」とお話しします。

「読書が好きです」と言ったのであれば、その後に「どんなジャ
ンルの本が好きなのか、好きな作家は誰なのか、本はどんなとき
に読むのか」といったように自分から話を展開しないと、話は広
がりません。

なお、これは英語に限った話ではなく、日本語で話す場面でも同じことが起こっているのではないかと思うのです。

　普段から、素早く自分の意見をまとめて話すクセをつけていきましょう。この積み重ねによって、英語で話すときに、「ひと言答えて終わる会話」から脱することができるのです。

　「どこの出身ですか？」と聞かれて、「京都です」と答えて終わるのではなく、「京都です。**大学に進学するタイミングで東京に出てきました。ほぼ毎月帰省していますけども**」くらいに広げたいですね。

　もしも、「Where are you from?」と尋ねられたら、このように答えてみましょう。

　I'm from Kyoto, Japan. Kyoto is next to Osaka, do you know? Many tourists visit there because it has many temples and shrines.

　こう返事をしたら、お寺や神社についての話題で話が広がるかもしれませんし、相手が大阪に行ったことがある人だったらそこで盛り上がるかもしれません。

　アカデミックな場やビジネスシーンであれば、問われた問いに対して、「This is very important.」などと、ひと言で終えることはありません。

　必ず「why?」という視点を盛り込んで答えます。できれば具体例も添えたいですね。これが一問三答です。

　important は抽象的ですから、「なぜなのか」、すなわち、「具体的にどんなときに必要なのか」をしっかり伝える必要があるのです。
　ぜひ、普段から話を展開して話そうという意識を持ちましょう。

Rule 「一問三答」で答える
クセをつける

Chapter 4

「リスニング」
「リーディング」の
すごい学び方

聞く力をつけるには？

できる人 → 「お気に入りの曲」の
ように聞く

できない人 → 英語を
シャワーのように
浴びる

「聞き流し」では、リスニング力は伸びない！

「聞き流すだけで、英語を話せるようになるのか？」 という質問をたくさん受けます。

結論から言うと NO でもあり YES でもあります。

圧倒的多数の人たちにとっては NO です。「よし！　今日も通勤電車で聞き流しをするぞ！」と思って英語の音声を流していても、ぼーっと他のことを考えてしまったり、聞きながらメールのチェックをしてしまったりして、BGM にしかならないですよね。これでは伸びるはずがありません。

そもそも、聴覚には「6 歳の壁」があり、6 歳までに聞き慣れていない音は、脳が雑音として処理してしまうといわれています。つまり、6 歳までに英語に触れる機会が日常的にあった人にとっては、聞き流すだけでも上達するといえます。しかし、そうでない人にとっては、英語を流しておいてもそれは雑音にしか聞こえません。

雑音と捉えているものをシャワーのように聞き続けて上達するはずはありませんね。音楽をやっていて音に対して耳が敏感な人は聞き流すだけでも音をキャッチすることができるケースはありますが、それ以外の人にとっては極めて難しいのが現実です。

日本語にはない
音がたくさんある

　各国語で表現した動物の鳴き声を比べてみればわかるでしょう。犬の泣き声は日本語で「ワンワン」ですが、英語では「bow-wow」で、スペイン語では「guau-guau」。それぞれの言語が持つ音の種類から捉え直すと、まったく違った音に変換されてしまいます。

　音の捉え方がそもそも違うのです。だから、母国語の音の枠組みで外国語を処理しようとすると、必ず音のマッチングに不具合が生じます。とりわけ英語は日本語より子音も母音も種類が多いため、日本人にとって聞き分けが難しい音はたくさんあります。例えば、英語の [æ][ɑ][ʌ][ə] という４種類の音は、日本人にはどれも「ア」にしか聞こえませんよね。

　これはすべて日本語の音に置き換えて聞き取る経験の積み重ねがあるからで、**日本語で認識する音の枠組みをいったん忘れて、英語の音を耳に認識させるための練習が必要なのです。**

「英語の音」に
慣れるコツがある

　英語を話せるようになるためには英語を聞けるようになる必要があります。詳しくは後述しますが、**リスニング力を高めるという意識を捨てることから始めましょう。上達が早い人は英語の音**

を味わうのです。それはまさにお気に入りの音楽を味わうようなイメージと全く同じです。

ですから、リスニングで聞く音声の内容はあなたが好きなテーマである必要があります。あなたの興味に合うテーマ、興味に近いテーマが収録されている音声が入っている本を用意して、**徹底的にそれを何度も何度もお気に入りの曲のように聞く**のです。

暗記してしまうくらい聞いてください。短いものでかまいません。実際に書店に行って探し、「面白そうだな、これだったら何度も聞いてもいいな」と思うものを選んで取り組んでみましょう。

Rule 「好きな曲」を聞くときのように、繰り返し聞こう

Section
2

意味を素早く
つかむには？

できる人 ▶ 英語をイメージで
捉える

できない人 ▶ 日本語で捉える

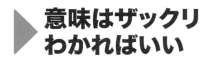

意味はザックリ
わかればいい

　英語が上達しない人に共通するのが、和訳グセが染みついてしまっていることです。

　私たちが日本語で文章を読むときも、一語一句の意味を噛み締めながら理解するということはしないでしょう。さっと読んで、なんとなく何が書いてあるかを捉えているはずです。

　もちろん英語も本来は同じようにすればいいのです。

　文をさっと読んで、だいたいこんなことが書いてあるという程度の理解で十分です。日本語と英語では語順が全く異なるので、英文を読んで綺麗な日本語に和訳しようとすると、語順を頭の中でぐるぐると並び替える必要があります。

英語の順番で
意味をつかもう

　例えば、次ページのような英文があったとします。これをこの語順のまま意味を取ってみると、次のようになります。

When my father called me, I was reading the book which he gave me.

時、私の父、電話した、私に、
私、読んでいた、本、それは、彼が、くれた、私に。

　前から順に読んでいっても、ある程度、情景をイメージできます。
これが英語の順番で意味を取るということです。
　しかし、「父が私に電話をしたとき、私は父がくれた本を読ん
でいた」というふうに日本語の順番に置き換えようと思ったら、
あっちに行ったりこっちに行ったりと移動しなければなりません。
　このクセが染みついていると、いつまでも聞けるようにはなら
ないのです。当然話すときも日本語の文の語順を並び替えながら
単語を置き換えていくような作業になるので、スピードは遅いの
です。
　学校教育の中で英文和訳、和文英訳のクセが染みついてしまっ
ていることが大きな原因ですが、翻訳家にならない限り、その必
要はありません。

「リスニングが苦手」に
共通することは……

「リスニングが伸びません」という相談を受けますが、そのときに確認することがあります。英文を実際に読んでいただき、どのように読んでいるかをチェックするのです。

　伸びない人に共通するのは、英文を読むときに「英語の順番で読む」のではなく、英文を日本語の順番に置き換えながら読んでしまっています。

　もしあなたにこうしたクセがあったら、是非これからは返り読みしないようにしましょう。**頭からどんどん読んでいって、イメージで捉えるのです。**

● 英語の順番に読んでいく

| When | my father | called | me, | I was... |

✕ 日本語の順番で読んでいく

| When | my father | called | me, | I was... |

▼

英文は頭から読んでいこう

素早く英語の意味を
つかむコツ

　これは単語でもいえることです。単語の意味を覚えるときも大体の意味がわかればいいのです。きっちりとした日本語にできなくてもかまいません。

　英和辞典や単語帳に載っている単語の意味は、その単語を一番近い日本語に訳すとどうなるかを示しているに過ぎません。実際には、英語と日本語の訳が100%一致しない言葉が沢山あります。
　リーディングやリスニングするときに、素早く英語の意味をつかむためには、**単語はザッとした意味がわかればいい、そのぐらいの感覚でいたほうが上達しやすいのです。**

〇　単語の意味を
　　ざっくりつかむ

わかる
わかる

**素早く
読める**

✕　単語の意味を
　　正確に訳す

わ…
わからない…

**つまずくと
先に進めない**

154

　私たちが日々、日本語を使うときも、感覚で言葉を選んでいることがほとんどではないでしょうか。日本語の意味ですらなんとなく捉えているのに、英語になるとなぜか一つひとつの単語の意味を日本語と対峙させて、しっかりと覚えようとしてしまいます。

　一方で英語が上達する人はそれをしません。英語を読むときはきれいな言葉に置き換えるのではなく、感覚で意味をつかんでいきましょう。そのために、**まずは返り読みはしないこと。**これが素早く意味をつかむためのコツになります。

感覚で意味を
つかんでいく

リスニング力、リーディング力が
ドンドン伸びる

UP!

Rule　**英語は出てきた順番で
意味をつかんでいく**

Section
3

リスニング試験の
スコアを上げるには？

できる人 ➡ 点数が上がらない
「原因」を探す

できない人 ひたすら
「リスニングの練習」
をする

目標スコアを決め、効率的に学ぼう

リスニング試験において最も大事なことは何でしょうか。目標スコアを取ることですよね。当たり前ですが満点を目指す人とまずは60%を目指す人ではやることが違います。

よほど満点を取ることにこだわっている人以外は、満点は必要ありません。ということは、落とすところが出てくることが大前提。

70%取れればよいのであれば、残りの30%については気にしない。まずこれが試験への学習において重要です。つまり捨てるものがあっていいということです。

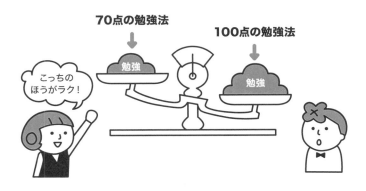

全ての問題を何とかしようと思うと、きりがないですよね。なかには、満点取れる人と取り損ねる人を分けるようなレベルの問題も出題されるわけですから、70%を目指す人がそんな問題をどうにかしようとしてもあまり意味がないと思いませんか。

▶ スクリプトの「理解度」を調べよう

問題集を解いたら、必ずスクリプト（音声を書き起こしたもの）を読みましょう。そして、どれくらいそのスクリプトがサラッと理解できるかを検証しましょう。

文字で読んだときにわからなければ、耳で聞いたときにわからなくても不思議はありません。その原因は何か。もしも、「わからない単語が多い」のであれば「語彙力不足」です。リスニングの練習ばかりしても伸びるわけがありません。

また、「単語はわかるけど、行ったり来たりと返り読みしないとスクリプトを理解できない」のであれば、これは「リーディング力に問題」がある。いつも返り読みするクセがついているので、頭から英語を理解できないのです。

「スクリプトを読んで、単語もわかるし、意味もサッと理解できるのに点数が取れない」のであれば、「耳の問題」。英語の音を耳に染みこませる必要があります。

▶ **リスニング力を分解し、弱点をあぶり出そう**

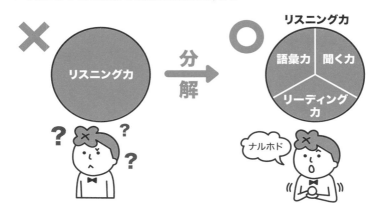

▶ **苦手な所を探そう**

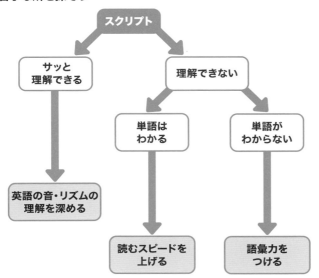

このようにリスニング力と大きく括るのではなく、パーツに分けて自分の課題をあぶり出すことが重要です。

▶「なぜ間違ったのか」を分析し、検証する

あとは、問題集を解いたあと、なぜ間違ったのかをしっかりと分析することです。設問を読んで、スクリプトを読んで、答えがどのように導き出されているかを徹底して見直すことです。

たいてい、キーワードとなる言葉が言い換えられていることに気づきます。この言い換えが曲者なのかもしれません。このように検証するクセをつけると、答えが出てくる箇所に反応しやすくなるのです。

それはなぜか。

　試験を作る人は、明確な基準の元に作成しています。その基準が見えるようになってくるからです。あとは設問のパターンに慣れること。これも大事ですね。問題集を解いたら徹底して検証と研究をしてみましょう。

Rule つまずく箇所を
突き止め、
苦手分野を攻略しよう

リーディング試験の
スコアの上げ方とは？

できる人 → 設問を
「読まない技術」を
磨く

できない人 → 設問を
「全部読もう」とする

必要な情報を
しっかり読み取ろう

　リーディング試験において、スコアを取るために大事なことは何でしょうか。まずは「設問を正確に理解すること」ではないでしょうか。そして、「設問に正しく答えること」ができればスコアがもらえるわけです。

　ということは、「正答を導くために必要な箇所さえ理解できればいい」と言い換えることができます。

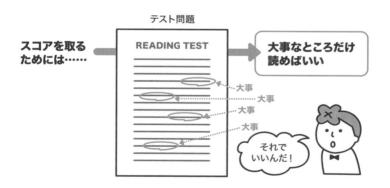

　そういう意味でいうと、いかに読まない努力をするかがカギになります。試験は時間が限られているわけですから、悠長に全部を読んでいると時間は足りなくなります。

　読んで理解することが目的ではなく、問題に正解するために必

要なところを読む。この軸がぶれてはいけないのです。しかし、スコアが取れない人は読まなくていいところをずっと読んでいるわけです。

▶ 「スキャニング」と「スキミング」を使い分けよう

　留学先でもビジネスの現場でも求められるリーディングスキルというのは、「**情報を探すスキル**」と「**メインアイデアを捉えるスキル**」です。英語試験もまさに同じスキルを試しているのです。つまり、全文を読むことは誰も求めていないのです。

　ところが真面目な人ほど「全文を読まなきゃ」というスイッチが入り、読めば読むほど時間が足りなくなってしまい、解答に関係のない難解な単語に動揺してしまって、スコアが下がるという現実に直面します。関係ないところにあえて難解な単語を仕込ませてあることが多いんですよね。

「**情報を探すスキル**」は**スキャニング**、「**メインアイデアを捉えるスキル**」は**スキミング**で、これらのスキルを問題に応じて使い分けることでスコアは上がります。

▶ リーディングスキルとは？

どちらの力も大事！

▶ スキャニングとスキミングとは？

全国のお天気を例に取ると……

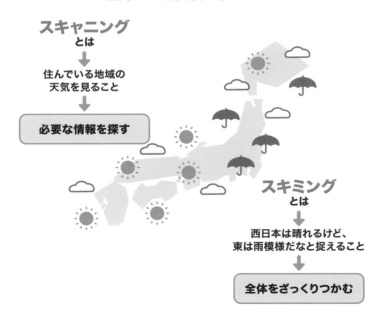

▶スキャニングとは？

　天気予報を思い浮かべてください。「明日の全国の天気」を目にしたとき、一番先にどこに目をやりますか。自分の住んでいる街でしょう。なぜか？　その情報を求めているからですね。

　このため、全国のお天気の中から「情報を探すスキル」を使ったわけです。この「情報を探すスキル」がスキャニング。通販の送料の情報を探すときも同じです。自分のエリアまでの送料をパッと探して見ますよね。

▶スキミングとは？

　一方、スキミングとは全体をざっくりとつかむ技術です。天気予報でいえば、パッと見たときに、「西日本は晴れるけど、東は雨っぽいなぁ」とつかむ感じです。全体的な情報をざっくりと捉える技術、これがスキミングです。

▶ テスト問題の解き方とは？

　テストの問題を解くときには、まず長文を読む前に設問を理解し、スキミングが試されているのか、スキャニングが試されているのかを判断してから、問題に取り組みましょう。例えば、

When will the meeting be held?
会議はいつ開かれますか？

　という設問なら、まずはスキャニングで、日付や時間を表す数字を探して、複数候補があるならば、どれがこの問題の解答に相応しいかを選べばよいのです。

　当然、この設問に答えるために、文章の全体像を捉える必要はない、ということはわかるでしょう。

▶ 問題に取り組むときは……

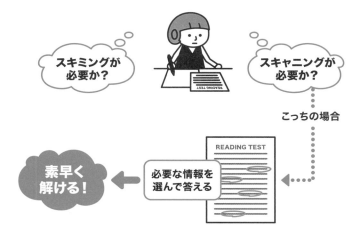

必要な情報を「見抜く力」を磨こう！

　TOEIC®の問題が求めているのは、ビジネスの現場で求められる英語スキルに近いものです。例えば、どっさり資料を渡されて、カンファレンスの場所や日時を即座に探すだけのスキルを求められている場合に、他の情報を読み込んでしまうと仕事の効率を落としてしまいます。仮説を立てて、「効率的に情報を抜き出すこと」でビジネスの成果にもつながるのです。

　8つのパラグラフからなる長文が用意されていても、実際には4つのパラグラフだけ読めば解答できる場合もあります。全部読まなければならないというマインドセットの人はたくさんいますが、海外で作られたリーディング問題を解くときの多くは、「長文からいかにして重要情報を抜き出せるか」というスキルが求められるのです。「相手が何を言いたいのか」「自分が今ここで何を求められているのか」をすぐ理解するのが、リーディングの最重要項目です。

　こうした点を意識して学習してみましょう。「読まない技術」を身に付けることで、スコアはグッと伸びるはずです。

Rule　不要な情報は、「読まずに捨てる！」という意識を持つ

▶ 読まない技術を磨こう！

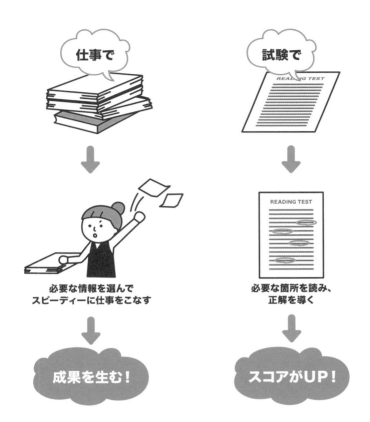

効果的な音読法とは？

できる人 → 「3ステップ」で
音読する

できない人 → 何となく音読する

単語帳の例文を
読んでみよう

　音読の効果は誰もが認識していることでしょう。

　特に学習初期段階で音読する効果は絶大です。ただし、英語が話せるようになる、聞けるようになるためには、何となく音読するのではなく、英語の音、リズム、抑揚を自分の中にインプットすることを意識して、効果的に行う必要があります。

　音読にちゃんと取り組むと最初は難しく感じることでしょう。慣れるまで時間がかかります。ですから、最初は文やパッセージが短いものから取り組みましょう。

　音読に慣れるまでに私がお勧めしているのは、**単語帳の例文の音声を聞きながらそっくり真似られるようになるまでやること**です。文が短いのでまず取り組むにはハードルが低いですね。

▶ 単語帳の例文を読もう

それに加えて TOEIC®のリスニング Part2 の問題集もいいでしょう。これも一文一文が短いので真似をするにはもってこいですし、聞き取る力が伸びていくのを実感できます。

▶ 効果的な音読法

それでは、これから抜群に英語の耳を作れて、英語の発音まで良くなる音読法を紹介します。

①耳だけを頼りに
　リズムを感じながら音声を聞く

まずは英語のリズムを体で感じながら聞きます。例えば、

where's the new coffee machine? という音声だった場合、where/is/the/new/coffee/machine? と単語単語でプツプツと切れて発音されることはありません。英語はリズムが大切なので、

where's the / new / coffee machine?

と前半が、「ウェアザ / ニュ / コフィマシン？」と前半がたくさんくっつくリズムになります。

▶ 音読は3つのステップでやってみよう

ステップ1 ▶ **耳で音声を聞く**

リズムを
感じながら

ステップ2 ▶ **スクリプトを確認して、正確に音読する**

ステップ3 ▶ **スクリプトを手放す**

見ずに
音読する

まずこのイメージを意識しながら、どんなリズムで読み上げられているかを徹底して聞きます。

②スクリプトを確認する

　ある程度、英語のリズムを耳にインプットしたら、そのスクリプトを見てみましょう。それを見ながら今インプットしたリズムを意識しながら音読してみましょう。

　ですから、音声もスクリプト（音声を文字起こししたもの）も準備して音読に取り組みましょう。ネイティブスピーカーが読み上げる、音声を聞いて、センテンスごとに正確にリピートします。

　このときに大切なのは、聞こえてくる音声と全く同じように読み上げられるようになるまで、真似ることです。まずはリズム、そして、できればイントネーションも真似て繰り返しましょう。

③スクリプトを手放す

　最初は手元にあるスクリプトを見ながら、音声を真似る練習をすればいいのですが、ある程度繰り返したら、スクリプトから目を離して、耳だけを頼りに取り組みましょう。慣れてきたタイミングで文字情報を手放さないと、いつまでも文字がないと聞けない、ということになってしまいます。

▶ 学び方のコツ

1つの音源を完全にコピーできるまで何度も何度も同じものを繰り返しましょう。

例えば、英語の表現集であれば、あなたのお気に入りのワンフレーズから始めればいいでしょう。 1冊の中には、「これいいな」と思うものもあれば、いつ使うのかわからないものもあると思います。いつ使うのかがイメージできないものは気持ちも乗りにくいと思うので、お気に入りのものからチャレンジしましょう。これをひたすら繰り返して、**完全にコピーしてしまうのです。**

先ほどもお話ししましたが、英語の意味はざっくりと、英語の語順のまま取っていくことが大切です。意味を深く考えるのではなく、イメージで捉えていくということですね。そうすることで、英語を理解するスピードが速くなるはずです。

慣れてきたら少しずつ長いものにチャレンジできればさらに上達していくはずです。

Rule 繰り返し読み、真似たら、スクリプトを見ないで言えるようにしよう

Section
6

英語の音を
かたまりで
認識するには?

 できる人 ▶ リズム感を磨く

 **できない人** ▶ 発音ばかり練習する

176

LとRの音の違いよりも
大事なことがある

　先ほどは「発音の練習法」について紹介しました。

　大学などで講義をしていてよく感じるのが、発音というと、いつまでも「LとRの音の違い」ばかりを練習している人がいるのですが、これでは英語は上達しません。

　こうした練習は、ある程度、音が違うということが認識できるようになれば十分なのです。

　それ以上に、英語はリズムが大事です。できる人は英語のリズムを習得しているのです。英語を単語ごとに捉えていると、ネイティブスピーカーが話すスピードについていくことはできません。そのため、英語はかたまりでとらえる意識が必要です。

▶ **英語はリズムが大事！**

 リズムを意識して発音する

| What | time | is it | now? |

 単語ごとに発音する

| What | time | is | it | now? |

「Thank you.」は2つの単語でできていますが、ほとんどの日本人がすでにかたまりで捉えている言葉です。このように、かたまりで話し、かたまりで聞くことを意識して、単語一つひとつにとらわれないようにしましょう。

　英語をかたまり単位で捉えるようになると、**曖昧に聞こえていた単語間の境界線もはっきりと認識できるようになっていく**ものです。

　単語集の例文や、リスニングの音声を聞くときは、リズムを意識して聞くことも重要なのです。どの単語とどの単語がくっついて発音されているかに意識を向けてみることです。

▶ 単語ごとではなく、リズムを意識して音読する

　私が英語系のセミナーをするときに、師匠であるベストセラー作家、野口敏先生にセミナーのツカミについてご指導をいただきました。そのときに出てきたのが、

「掘った芋いじるな」です。

　iPhoneの音声認識ソフト、Siriに「掘った芋いじるな」と言うと、何という反応が返ってくるでしょうか。
　正解は、時刻を教えてくれるのです。
「What time is it now?」に聞こえている証しです。

　これはロサンゼルスのタクシーの運転手にも何度か試してみましたが、やはり「What time is it now?」への返答が返ってきます。

　何が素晴らしいかというと、

"what time" は「ワラィ」
"is it"「イズイッ」
"now"「ナゥ」

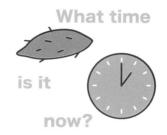

　掘った芋は "what time"
　いじるは "is it"
　なの「な」は "now"

　こんな感じで、単語と単語を並べて発音するのではないのですね。**単語と単語がくっついて音が作り出される、そんなイメージです。**
　そんな「英語のリズム感」はリスニング力を鍛える上では不可欠ですし、かっこいい英語の発音を真似するならば、その上でも不可欠といえるのです。

▶ このリズムで 音読しよう！

　ではどんなトレーニングをすればいいか。

リズムを徹底的に意識した音読が効果的なのです。

　音読をするときには必ず音声をダウンロードしたり、CD に収録されている音声を聞く必要があります。

　スマホにダウンロードした音声を入れて、通勤電車で聞いてみるのもいいでしょう。そのときには英語のリズムを徹底的に意識しながら聞きます。**ベストなのは声に出して、全く同じリズムで発音してみることです。**

　例えば、『英単語ターゲット 1900』（旺文社）の 19 頁には、

Modern technology has greatly improved our lives.

という例文が出てきます。
リズムに分解してみると、

Modern technology/ has greatly/ improved/ our lives.

となっていることがわかります。
このリズムをそのまま声に出してみるのです。

『英検準 1 級 でる順パス単』（旺文社）の 63 頁には、

The candidate I voted for lost by 50 votes.

という例文が出てきます。
リズムに分解してみると、

The candidate/ I voted for/ lost by/ 50 votes.

となるのですね。
まずはこれができるようになると効果は絶大です。

あるいは TOEIC® の Part2 の練習問題を用いる方法もあります。

『解きまくれ！リスニングドリル TOEIC® TEST Part1&2』
（スリーエーネットワーク／イ・イクフン著 ）の 64 頁には、

What would you like to see?

という例文が出てきます。
リズムに分解してみると、

What / would you like / to see?

『解きまくれ！リスニングドリル TOEIC® TEST Part1&2』
（スリーエーネットワーク／イ・イクフン著）の 104 頁には、

How did you get to the office this morning?

という例文が出てきます。リズムに分解してみると、

How did you / get to the office / this morning?

とするといかに get to the office の to the が小さくしか
発音されないかがわかります。

　これもリズムを意識して真似して言ってみるのです。この経験
を積んでいくと、徐々に英語のリズム感が身に付いていくため、
英語を聞き取りやすくなるのです。

▶「抑揚」を意識して音読する

　次は英語の「ストレス」。つまりは「抑揚」に注意しましょう。
日本語はどちらかというと、1 文を話すときにはそれほど抑揚は
ありません。
　特に多くの日本人の話し方は胸式呼吸からくるので、深い抑揚
がない人がほとんどです。しかし英語圏の人たちは、腹式呼吸で

お腹の底から声を出すので、抑揚が出ます。このため、電車の中で見かける外国人観光客は声が大きいのですね。

　理想は腹式呼吸を身に付けることですが、まずは「英語の抑揚を意識してみること」から始めましょう。
　1文の中でもトーンを落とす部分と上げる部分との波があると考えてみるといいでしょう。先ほどのリズムの練習と同じで、これも音読が効果的です。
　ですから、音読をする上では、

・リズムを意識すること
・抑揚を意識すること

　この2点に意識を向けることが大切です。これだけで一気に英語の音への理解が深まります。

▶ 抑揚を マスターする方法

　ここでは英語らしい抑揚をマスターするための方法をご紹介しましょう。それは、**1つの文をハミングしてみる、という方法**。

　ハミングは音楽の授業でもやったことがあるのではないでしょうか。簡単にいうと「**鼻歌**」です。口を閉じて鼻で歌うようなイメージです。気になった歌を口ずさみたいけど、歌詞がわからないときにやりますよね。

　ですから、英語の耳を鍛えるというのは、まさに、お気に入りのアーティストの新曲を覚えるような感覚です。これ以外になんとも言いようがないほどです！

　新曲を聞いて、歌詞カードを見て、歌詞カードを見ながら新曲を聞いて口ずさんでみる──。やることはこれと同じです。

　歌を歌うときは歌詞をなぞるだけではダメで、リズムや音の高低（抑揚）をそっくり真似る必要がありますよね。

　最初は聞こえてきた音を口ずさみながら、わからない箇所は歌詞を確認する。こうして一言一句を理解した上でリズムに乗せて、音の高低を真似してみて、

はじめて歌えるようになります。

　英語の耳を鍛えるときも、まさに同じことをするわけです。
　これを繰り返すことで、発音をネイティブスピーカーに近づけ
ると同時に、英語のリズムにも慣れてきて、聞き取れる言葉がど
んどん増えていきます。

　なお、たくさんの英文に幅広く手を出すよりも、「１曲を十八
番にするような気持ち」で取り組みましょう。一語一語、シャドー
イングの細部まで極めようとすると、リスニング力が急上昇する
感覚をすぐに味わうことができるはずです。

　ですからリスニング教材は、真似をしたくなるような文章が
入っているものがお勧めなのです。つまらない内容のものは気分
も乗らないですからね。

Rule　好きな曲を歌うように英語を繰り返し口ずさむ

Section

7

英語耳の
作り方とは？

できる人 → 「3ポイント」で
耳を磨く

できない人 → とりあえず
英語を聞き続ける

3つのポイントを踏まえて
トレーニングしよう

　上達する人は、英語をしっかり聞き取れるようになるために次の3つのポイントを押さえながらトレーニングしています。

・1つ目は、まず英語の音を習得すること
・2つ目は、英語のリズムを習得すること
・3つ目は、英語のストレスを習得すること

　単語は意味を覚えるだけでなく、単語の「音」を知ることも重視しましょう。そのためには、音読する習慣が役に立ちます。音をそっくりそのまま真似るだけで、発音と同時にリスニング力も劇的に鍛えられます。

　単語集に音声がついていれば音源をフル活用して、そのままそっくり同じ音を真似ることを習慣化していきましょう。**知らない単語を調べるときにも「最低5回」はその単語の発音を聞いて、真似をしてみる必要があります。**単語レベルから始めて、短い文、長めの文にステップアップしていけばよいのです。

**Rule　単語集の音声を
フル活用しよう**

Section

8

ディクテーションの
やり方とは？

できる人 ▶ 「何を言いたいか」を
ザッとつかむ

できない人 ▶ 一言一句、
聞き取ろうとする

英語を聞き取って
文章に起こす

リスニング力を鍛える代表的なトレーニングに、「ディクテーション」と「シャドーイング」があることを知っている人は多いでしょう。実際、大学や企業で講義や研修をしていても、リスニング力をブラッシュアップさせるべくこれらに取り組んでいる人は多いようです。

ディクテーションは、聞き取った文章を書き起こすトレーニング。毎日のニュースでも、リスニング用の教材でも、最初は単語の難易度があまり高くないものから聞き取りを始めましょう。

なお、英語でディクテーションができないと、自分の英語力はことさら低いのではないかと誤解しがちですが、ディクテーションは日本語でも難しいものです。自信と意欲を喪失しないためにも、日本語でも難しいと認識した上で、簡単な英語から始めましょう。

ディクテーションのやり方

ポイントは、短い文から始めること。そして1文ずつ取り組むこと。何度も繰り返し行うことが大切です。

ディクテーションは次の2ステップで行います。

▶ ディクテーションのやり方

ステップ1 ▶ キーワードをメモする

ステップ2 ▶ 細部を聞き、
　　　　　　　聞けなかった理由を探る

＜ステップ①＞
キーワードをメモする

　まずは一言一句を間違わずに書き取るのではなく、メインアイデアを捉えるために書き取りをします。

　つまり、「何を言いたいのか」を捉えることに集中するために、**キーワードと思われるものを中心に書き起こします**。これはノートを取るときと同じ要領です。

　ここでも完璧主義は禁物。文章を聞き取る際は、単語一つひとつではなく、意味を捉えることに意識を傾けてください。**聞き取って書き出した言葉が、概ね音声のメッセージの主旨と合致しているかどうかが大切**。多少のスペルミスは気にせず、意味をしっかり理解することに集中します。

　数をこなすことを優先し、細部は雑でもかまいません。これによって、メインのアイデアを捕まえる力が向上します。ビジネスの現場でもメモを取りながら話を聞く場面は頻繁にあるはずなの

で、メインアイデアを捕まえるディクテーションは取り組みたいものです。ノートテイキングスキルを鍛えると言い換えてもいいかもしれません。

Point

・キーワードを書き出す
・意味をざっくり捉えればOK

＜ステップ②＞
細部まで聞き、
聞き取れない原因を探る

このステップでは、メインアイデア以外の細部までこだわって何度も同じ音声を聞きます。どの音は聞こえて、どの音が聞こえないのかをしっかりと把握するためのトレーニングです。聞こえなかった箇所は、「なぜ聞こえなかったのか」を分析しましょう。

聞き取った単語の意味がわからなかったのであれば、「語彙力の問題」。簡単な表現なのに聞き取れなかったとしたら、それは「音が繋がって消えてしまったため」あるいは、「単語の音を認識できていなかったため」のいずれかになるでしょう。

このように、原因がどこにあるのかを把握しておくことで、どうすれば聞き取れるようになるのかがわかり、努力を成果につな

げることができるのです。

・細部まで聞く
・聞き取れなかった原因を探る

　なお、ディクテーションは、聴覚を鍛え、集中力を高めるトレーニングでもあります。例えば、メールを読んでいるときに、いきなり周囲の人に話しかけられると、「何を言われたかわからない」と感じるシーンはよくあるもの。何かに没頭しているときは、聴覚がほとんど働いていないことがあるのです。

　言葉の意味を正確に捉えるには、「しっかり聞こう」という意識づけが必要で、集中力が求められます。日本の英語教育では、本当の意味で英語の音に触れる機会が限られています。ディクテーションは、やればやるほど英語が聞き取れるようになる訓練なので、「1日5分」取り組んでみてください。

Rule **短い文から
始めると挫折しない**

Chapter 5

単語・文法の
〝超効率的〟な
学び方

語彙力を
つけるには？

できる人 ➔ **1つの単語を
「10回で覚える」**

できない人 ➔ **学習ルールを
つくらない**

秘けつは、 「接触回数」を増やすこと！

「全然、単語を覚えられないんです。どうしたらいいですか」

　私が大学で授業をしていると必ずといっていいほど受ける質問が単語の覚え方についての質問です。

　極論を言うと、英単語は覚えようとしないほうがいいのです。

　みなさんは日本語の語彙力はどのように身に付けたでしょうか。僕はそこに英単語をマスターするヒントがあると思っていますし、本質は一緒だと考えています。

　グローバル化している昨今、外国語が次から次へと日本へ入ってきます。プライオリティ、コミットメント、コンプライアンス、ボトルネックにスキーム……初めて見聞きしたときは、当然意味がわからないので、インターネットで調べたり人に聞いてみたりして意味を理解しますよね。

　2回目、その単語を見聞きしたときに、「この前も出てきたけど何だったかな？」と思いまた調べる……。こうした行為を繰り返していくうちに、理解できる言葉へと変化していきます。

　つまり「**接触頻度の高いものしか脳には定着しない**」のです。あなたが理解できる単語は、その単語にどれだけ接触したかで決

まります。

　ときに、一度しか接触していない単語でもすんなり頭に入って
くることもあります。これは基本的な知識をたくさん身に付けて
いくうちに、知識と知識を紐づけられるようになり理解が早く
なっているためです。

　語彙力をつけるには、難しいことは考えず、**単純に接触頻度を
高めて、「質より量」を追求しましょう**。そのことに気づいた私
は大学4年生のとき、ちょうど大学院留学へ向けて勉強を始めた
頃ですが、3ヶ月で5000語を覚えることに成功しました。

　それまで、全く意味がわからなかったものが、ほとんどストレ
スなく読めるようになっていたときは感動したことを今でも覚え
ています。

▶ 英単語に触れる頻度を増やそう

❌ 一度見て終わり　　　⭕ ネットや辞書で調べたり、
　　　　　　　　　　　　音読したりする

覚えなきゃ！

「同じ単語」に繰り返し触れよう！

　わかる単語を増やすときは、とにかく質より量にこだわります。このとき、大切なことは、手を広げすぎないこと、同じ単語に接する量（機会）を増やすことにこだわるのです。

　例えば、多義語でも１つの意味に絞ること。同義語や反義語はすっぱりと無視しましょう。 欲張るとそれだけ効率が落ちて、挫折の原因となるのです。

　また、翻訳家や通訳になるわけではないのですから、きれいな日本語訳を覚える必要もありません。日本語でも、意味をはっきりとは説明できない〝曖昧なイメージ〟で捉えている言葉が多いのではないでしょうか。英語の単語も同様です。**まずは、「これはポジティブな意味だったな」「これはネガティブだったな」というざっくりとした感じで覚えておけばいいのです。**

例えば……

1000語を「100日で覚える」コツ

　いきなり単語集を買って使い始める前に、単語学習を仕組み化しておきましょう。

　これから覚えるべき単語が1000語あるとします。学習目標には必ず期限を決めることが大切なので、ここでは100日ぐらいを目安にします。

　ちょうどその時期に英語の試験を受けるなど、アウトプット機会を設定するとさらに効果的です。なぜなら具体的なフィードバックが得られるからです。

　学習には反復が不可欠です。そこで、**「1つの単語を100日間に最低10回は学習する」というルールを作ります。**

　1000語×10回＝延べ10000語
ですから、「10000語を100日でこなす」ことになります。

　1日に取り組む数を求めると、
10000語÷100日=100語／日となります。

　つまり、「1日に取り組む単語の数は100語」だということがわかりました。

▶ 1単語を1秒、音読すればいい

「100 語を筆記する」のは大変な労力ですから、単純に「音読」しましょう。発声トレーニングは、極めて有効な語彙の増やし方です。文字で見れば意味がわかるのに、音で聞いたらわからないという単語を減らすことにも役立ちます。

　数をこなして繰り返すのが目的なので、1 語あたりにかける時間は最低限に留めましょう。1 語あたり 1 秒なら、100 語は 100 秒でできる計算になります。

　つまり 1 回 2 分程度のトレーニングを繰り返すことで、100 日後にはすべての単語に 10 回ずつ触れられることが計算でわかりました。

▶毎日、単語を音読しよう！

satisfy ➡ 1秒

expect ➡ 1秒

income ➡ 1秒

「1語1秒×100語＝100秒」でできる！

「最低10回はやる」というルール設定が重要なのは、2巡目や3巡目で単語を覚えていない事実に直面したときに自信喪失するのを防ぐためです。

　また、「必ず10回やる」と決めておかないと、どうしても「何度やっても覚えられない」「続けたくない」「やってもしようがない」という感情がわいてきてしまうのです。

　そのようなモチベーションの低下を防ぐためにも、計算によって理詰めに仕組みを作って自分を納得させ、必ず毎日、一定の時間を取って実行することが大切です。

　「10回で覚えることが目標なので、9回目で覚えていない言葉があっても問題はない」と楽観的に構えて取り組んでみましょう。

▶1つの単語に10回触れる

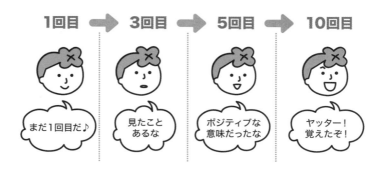

「わかる単語」が増え
やる気も高まる！

　このトレーニングで身に付くのは「読んだり聞いたりしたらわかる単語」を増やすことですが、効果は確実に実感できます。

　仮に覚えられない言葉があっても、記憶力が悪いわけではなく、単に回数が不足しているだけ。「脳は覚えてくれなくて当たり前」だと考えておけばいいのです。

　その点を納得していれば、モチベーションを下げる必要もありません。それどころか、**回を重ねるごとに、徐々に語彙が増えていく感覚が**〝**励み**〟**になる**はずです。

Rule 毎日の
「1単語×1秒音読」で
語彙力が身に付く

暗記の効率を
上げるには?

できる人 → ゲーム形式で
単語を覚える

できない人 → 単語帳で
効率を落とす

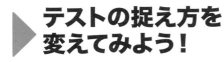

テストの捉え方を変えてみよう！

　私は小学生の頃、勉強が苦手で、テストの点もさんざんでした。そんな私に友人がこう言いました。「テストって、クイズみたいなものなんだよね」と。

　当時の私にとって、テストはしんどい修行のようなもの。でも彼にとってはゲーム、クイズだったのです。この言葉の意味が心底わかったのは大学受験のときでした。

　本来、人は競争、ゲームが好きな生き物。**自分や知人と「ゲーム感覚」で競いながら学んでいくことをお勧めします。**

　とりわけ「単語を覚える」といった単純作業の学習は、作業そのものを楽しむことは難しいので、**「何らかのモチベーションを作ること」**が続けるコツです。

「3分勉強」で一気に集中！

　単語学習はスキマ時間でもできるので、集中力が高まる時間帯に取り組むのはもったいないですよね。やはり私もスキマ時間を使っていました。

　高校時代私は毎朝電車で1時間くらいかけて通学していたのですが、大学受験をするときはラッシュを避けて普通列車に乗っていました。

そして「次の駅まではここまでやるぞ」と決めて1駅1駅ごとに自分と競争しながら、一問一答式の問題や単語カードの学習などに取り組みました。電車が停車している間がインターバル。そして出発するとまた一気に次の駅に着くまで学びます。

▶電車での3分勉強は集中できる！

3分勉強 ●●●●●▶ 1分休み ●●●●●▶ 3分勉強

緊張感がないとダラダラしてしまいますが、それを解消するのがこの「3分勉強」です。私にとって、強制的に時間制限を設けられる電車の中は最高の勉強部屋でした。

決められた時間内に、やるべきことをクリアしていく──。これはある意味、ゲームのようで楽しいものです。単純作業こそ「3分勉強」で一気にこなしていきましょう。

ライバルをつくって モチベーションを高める！

もう1つ私がやるゲームは、「**勝手にライバル**」というもの。

例えば、「お母さんが洗濯物を干している間に、ここまで終わらせてやる」「弟がテレビゲームの試合を終えるまでに、ここまで終わらせてやる」「再配達を頼んでいる宅配便が届くまでに、ここまでやってしまおう」など。**誰かが何かをしている間に、「ここまで終わらせてやる」と勝手にライバルをつくって競う方法**です。

スリルがあって面白いんですよね。そして、何より集中できるのです。時間が限られていますし、人が本来持っている競争心に火をつけることができるのです。

これにより「やらなきゃいけない感覚」ではなく、「**自分がやっている感覚**」に切り替わるのです。工夫次第でいくらでも楽しく取り組めます。ぜひ、「飽きてきたな」と思ったり、単純作業でつまらなくて、「どうモチベーションを保てばいいのかわからない」と感じたりしたときは、学び方を工夫してみましょう。

Rule 「3分勉強」や、 「勝手にライバル作戦」で どんどんはかどる

Section

3

語彙を一気に
増やすコツとは？

できる人 → 「わかる単語」を
どんどん増やす

できない人 → 「二刀流」でつまずく

206

語彙は2種類ある

　英単語は英語学習の中でも肝になります。

　知らない単語が多いとチンプンカンプンなのは、母国語でも同じこと。たとえ日本語がわかっていても、難解な専門書を読むときなどは、本に出てくる専門用語の意味がわからなければ、何度読んでもなかなか理解できないはずです。

　そもそも「語彙力」とは何を指しているのでしょうか。ひたすら単語を暗記しようとすると挫折してしまう可能性が高くなるので、まず「語彙には2種類ある」ことを知っておきましょう。

　ひとつは、読んだり聞いたりしたときに理解できる「パッシブ・ボキャブラリー（受動的な語彙）」。もうひとつは、自分でその言葉を使って表現できる「アクティブ・ボキャブラリー（能動的な語彙）」です。

▶ **見て聞いてわかる単語を増やそう**

パッシブ・ボキャブラリー
見たり聞いたりしたときに
理解できる語彙

アクティブ・ボキャブラリー
会話などで
使いこなせる語彙

▶ 使いこなせる
単語の数は少ないもの

　自分で使える「アクティブ・ボキャブラリー」は、受動的に理解できる「パッシブ・ボキャブラリー」よりも少なくなります。例えば、日本語でも新聞などで読めば意味がわかっても、それらの言葉の全てを日常で使っているわけではないのと同じことです。

　語彙力アップに苦戦する人は、この違いをきちんと区別しないまま、学ぼうとするのでつまずいてしまうのです。「薔薇」や「葡萄」のように読めても、正確に書けない漢字があるように、英語も読めば意味はわかっても、正確に書けない、使い方がいまいちわからないものがあって自然なのです。

▶ まずは、
「わかる単語」を増やそう

　まずは、ひたすら「知っている単語」、つまり「**読んだり聞いたりして理解できる単語**」を増やすことから始めましょう。
　つまり「英」→「日」で、理解できれば OK。
　「英」→「日」が増えていけばいくほど、自然と「日」→「英」も増えていきます。

　単語集を買ったら、「英」→「日」を徹底して覚えることから始めましょう。「日」→「英」も両方やろうとするとそれだけでハー

ドルが高くなってしまって挫折しやすいのです。

　つまり、apple →リンゴ、vegetable →野菜、chair →椅子、この順番で OK です。まずはこれに集中しましょう。

▶ **見て聞いてわかる単語を増やそう**

書けなくてもOK。
Rule 「わかる単語」を
増やしていこう！

会話に役立つ
「文法力」を
身に付けるには？

できる人 → 文法を「洋書」で学ぶ

できない人 → 文法を「和書」で学ぶ

日本の文法書を
避けたいワケ

私は日本の文法の参考書をお勧めしません。

なぜならば、大学入試や学校の試験で点数を取るために作られたものが多く、**日常場面で使われる実際の英語から大きく乖離しているものが多い**からです。

試験問題はテストしやすい、すなわち点数として測りやすい内容を炙り出して作成していきます。

このため、日常場面ではほとんど目にしないような難解な文法や語法がたくさん含まれているのです。

それらを理解したところで、英語を話したり聞いたりする上で役立つ文法力はなかなか身に付かないのが現状です。ネイティブスピーカーはもっとシンプルなものを使うのに、日本人のほうがやたらと難しい構文を使っていることもあり、ナチュラルな英語とはいえないことが多いのです。

日本人の英語は
かたすぎる！？

例えば、It is 構文なんかはそうですね。 学校で習うので聞いたことがある人も少なくないのではないでしょうか。

It is important to do some exercise every day.
毎日運動をすることは重要だ

という表現を日本人は使いがちですが、ネイティブスピーカーに言わせれば固すぎるようで、

Doing exercise everyday is important.

でいいじゃないかというのです。

▶ 「話すための英文法」が身に付くのは洋書

　洋書の文法書は徹頭徹尾「使うための文法書」として作られており、すぐに自分でアウトプットできる例文や問題がたくさん収録されています。

　名著として知られる英文の文法書に『English Grammar in Use』（Cambridge University Press）があります。
　この本は全130ユニットで構成されており、1ユニットごとに見開きで解説されています。

　初心者向けのものであれば『Essential Grammar in Use』（Cambridge University Press）があります。イラストもふんだ

んで練習問題もたっぷりあるので、これで学べば、話すための英文法が身に付くと思います。

　この本の問題点は130ユニットと、たっぷり学習ができるのですが、その分、終わりがなかなか見えないのも事実。

　例えば5ユニットずつ毎日やっても、2ヶ月以上かかります。見開きにして左が解説、右が問題という構成なので、私がお勧めする学び方は、右の問題を全てやるのではなく、「**一部だけやる**」**という方法**です。そうすればかなりサクサク進みます。

　コツは「1ユニットを10分程度」で仕上げるくらいのペースで進めることを前提として取り組むこと。また後半の前置詞のところは細かく取り組む必要はひとまずないので飛ばし飛ばしやってみるのもいいと思います。

　単語と同じで、素早く取り組み、繰り返し学んでいく中で、理解を深めていけばよいと考えましょう。

Rule 名著の文法書を買ったら、「1ユニット10分」でサクサク学ぼう

Section
5

覚えられない単語は どうする？

できる人 ▶ カード化する

できない人 ▶ 単語帳だけで覚える

「情報カード」を作ろう

　誰にとっても、何度繰り返してもどうしても覚えられない単語があります。単語との関係にも相性があるので、苦手なタイプがあって当然です。

　このように、なかなか仲良くなれない単語は「情報カード」を作るなど、カード化して覚えていくとよいでしょう。

　全てをカード化するとカードの作成だけで相当な時間がかかってしまうので、「仲良くなるには時間がかかりそうだな」と思ったものを選び出してカード化しましょう。

　作成したカードは〇と△と×に分けます。〇は見た瞬間、1秒以内に意味がわかるもの、△は10秒以内に意味が言えるもの、×はそれ以外のものです。**×を中心に、×から△に、△から〇にカードを移していけるようにしましょう。**

覚えにくい単語を
カードに書く

× △ 〇

〇のカードを増やしていく！

情報カードの良さは、小さい暗記カードと違って、トランプより少し大きいくらいなので、シャッフルして、テーブルの上に置いてゲーム感覚で練習ができるという点です。

　単語帳だけで覚えていると、どれを覚えて、どれを覚えていないのかを明確に分類できません。

　その点、情報カードなら理解度を〇×△で分類するため、〇が増えていくことが一目でわかり、モチベーションが上がります。

　「50枚を1セット」にして、わかる単語とわからない単語を分けて練習していきましょう。「今日はこの2セットをやろう」と決めたら、朝のスキマ時間や、帰宅後の細切れ時間にサッと取り組んでみましょう。カバンにも入りやすい大きさなので、持ち運んで電車の中などで取り組むのも効果的ですね。

Rule 「情報カード」を持ち歩き、接触頻度を高めよう

Chapter **6**

スコアが伸びる！
試験勉強のコツ

スケジュールの
立て方は？

できる人 ▶ 試験勉強を
「90日でやる！」と
決める

できない人 ▶ 試験勉強を
「1年でやる！」と
決める

90日から逆算して、 行動目標を立てる

　試験でスコアが伸びない人は、長期で目標を立てすぎて、中だるみしてしまいます。試験が近くなってきてから焦ってももう手遅れ。日々の積み重ねがものをいうのが英語学習ですから。

　目標を立てるときは、「**90日単位で大きな計画を立てる**」ことをお勧めします。90日後に達成したい目標を明確にするのです。例えば「TOEIC®900点を目指す」「英検準1級に合格する」などです。そして、**90日を3で割って、「1ヶ月単位の行動目標」を立てます**。

　例えば、私が英語初学者にお勧めの一冊である問題集『Essential Grammar in Use』を30日でこなす場合、全部で115ユニット（単元）で構成されているので、1日5ユニットで進めると23日で完結します。それを3ヶ月で3周回せば、理解度はかなり上がるはずです。

▶目標は90日単位で計画する

```
┌────────┐   ┌────────┐   ┌────────┐
│  1ヶ月  │ ＋ │  1ヶ月  │ ＋ │  1ヶ月  │   ➡   TOEIC®
│        │   │        │   │        │       900点
└────────┘   └────────┘   └────────┘       取るぞ！
└─────────────── 90日 ───────────────┘
```

次に、何をすべきかを整理します。

例えば英検や、IELTS、TOEFLといった技能試験を受けるのであれば、ざっくりと分類しても、リスニング、リーディング、ライティング、スピーキング、単語、文法と6つの分野をバランスよく学習をして初めて試験で成果を出せるのです。

▶ 1週間の計画はこうして立てる

これらを念頭に置いて、細かい計画を週ベースで立てる必要があります。こう考えると、1日1分野を30分程度しか勉強しなかったら、到底、試験までに力をつけることはできない、ということがわかりますよね。

最低でも毎日2分野以上、学ぶ必要があります。このためには、時間をどうやって確保しようかという考えが頭をよぎるはずです。**朝1時間、夜1時間確保して、単語は移動中に徹底してやる。それくらいのイメージですね。**

例えば、月曜日の朝はリーディング60分、帰宅してからリスニング30分、スピーキング30分。火曜日の朝はライティング60分、帰宅後、文法30分、リスニング30分。

水曜日は朝に文法60分、帰宅後、スピーキング30分と文法30分。こんな感じで組んでいくのが最低ラインです。

　一方で受からない人は、いつも自分の思いつきで勉強をしてしまいます。私も身に覚えがありますが、「時間があるときにできるものをやろう」と考えるから、いつまでたっても時間ができないんですよね。「また明日やればいいか」の繰り返しになってしまいます。これを防ぐためにも計画を立てることが大切です。

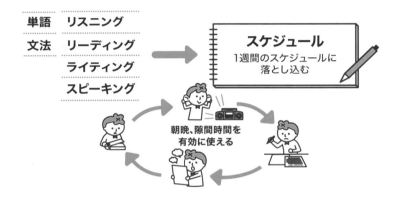

単語	リスニング
文法	リーディング
	ライティング
	スピーキング

スケジュール
1週間のスケジュールに
落とし込む

朝晩、隙間時間を
有効に使える

▶ まずは基礎固めをしよう!

　1ヶ月ごとの目標を立てるときは、例えばリーディングであれば、「AとBの問題集をやる」「英字新聞を毎日1記事読む」といったように、**明確な目標を立てることが大事**です。

　1ヶ月目は過去問は意識しすぎず、基礎力を高めることを最優

先します。各技能のスキルを高めるためには何が足りていないか
を徹底的に分析して、それに腰を据えてどっしりと取り組みます。

　２ヶ月目は１ヶ月目を振り返って、取りこぼしているものをカ
バーしながら過去問を一部取り入れていきます。
　３ヶ月目は「本番力」をつけるために、どっぷりと**過去問に取
り組ん**で、徹底して「なぜそう考えたのか」「なぜ間違えたのか」
を分析、検証しながら、「どうすればその問題をクリアできたか」
を突き詰めて考えることです。

　くれぐれも、英語のベースを上げる前に過去問を解いてはいけ
ません。過去問をやり尽くしてしまうと、本番前に練習試合をす
る相手がいない、ということになってしまいます。**過去問は〝本
番前の練習試合〟**だと考えておきましょう。

ライティングのスコアを
伸ばす秘けつは？

　例えば、IELTS で日本人受験者の平均点が一番低いのがライティングです。たくさんの人がライティングのスコアが十分に取れないことで目標を達成できないのが現状です。

　それぞれに課題があるのですが、私がライティングで苦しんだときに何をしたかというと、**模範解答を用意してそれを「3 回書き写す」**と決めてやりました。50 課題分くらい模範解答を用意してやれば 150 回書くことになります。何も考えずに書き写していれば、自ずと染み込んでくるのです。

　スピーキングやライティングはこれが一番です。やはり英語はスポーツなので、いかにして脳や身体に染み込ませるかがカギになります。リーディングやリスニングの場合は、解答を見てから、**「なぜ、そうなるのか」を検証しましょう**。解くのではなく、先に解答を見る。解答を見て答えがわかった上で、「なぜそうなるのか」を考えることで、そこまでたどり着くルートが見えるんです。

Rule
90日を
月間、週間スケジュールに
落とし込もう

リスニング試験の
スコアを
〝さらに〟伸ばすには？

できる人 ▶ 「問題文を速読する」
練習をする

できない人 ▶ 「聞く練習」ばかりする

「設問を素早く読む」 ことが大事！

　せっかくリスニング力がついてきても、設問や選択肢を読むスピードが遅いことで試験で後手に回っている人がかなり多いように感じます。

　実は私もそうでした。かつて、スコアが伸びない原因をじっくりと考えたことがあります。そのとき気づいたのは、試験では「聞く力」と同時に「設問や選択肢などをスピーディーに読む力」を求められている、ということです。

　そこで私はひたすら、「設問や選択肢をパッと見て、サッと意味を理解する練習」を繰り返しました。特に、返り読みをしてしまうとスピードはガクンと落ちてしまいます。

　リスニングの試験で怖いのは、設問や選択肢を読んでいる間に音声が進んでしまい、今どこを聞いてるのかがわからなくなってしまうことです。

　だからこそ、設問や選択肢を瞬時に理解する練習をしておきましょう。聞くべきときに集中してリスニングできれば、余裕を持って試験に臨むことができます。

> **Rule　余裕をもって リスニングに臨めるように 準備をしよう**

Section 3

中級レベルの
英語力をつけるには？

「1000単語」覚える

あれこれ学んで
「中途半端」

▶ TOEIC®は600点を目指す

　初級者レベルから中級者レベルになるために目標としてほしいことは、まず TOEIC® では 600 点を目指すこと。600 点以下は基礎力が足りていない——、つまり土台がないということですね。土台がないところに家を建てようとしても不安定であまりいい家は建てられません。最低限という意味で 600 点を目指してみてください。

　600 点に満たない人は、「語彙力が圧倒的に足りていない」ということを認識しましょう。逆にいえば「単語さえ覚えれば確実にスコアが上がる」「上達を感じられるレベルにいる」ということでもあります。

　ではどのくらい覚えればいいのかというと **1000 単語を目安にしてみましょう。**前述の通り、1000 単語は何となく意味さえわかればOK。辞書通りの意味が言えなくても問題ありません。イメージさえあっていればいい、ということです。

　正直なところ、単語がわからないから理解できないだけの問題であるともいえますから、ひたすら単語学習でもいいくらいです。

　それに加えていうならば、英語を聞くことを徹底することでしょう。問題集を 1 冊用意したら、それを覚えるぐらいひたすら

同じ音声を聞き込んでみてください。

「この1冊！」と決めたら、その1冊を丸ごと覚えるイメージです。あれこれ違うものを聞いていると、なかなか耳が英語の音に慣れません。

　そもそも語彙力が追いついていないはずですから、わからない単語を調べたりする手間が増えてしまいハードルが上がるので、いろんな参考書に手を出すのはお勧めしません。

　本に付属している音源は、好きなミュージシャンのアルバムと同じような感覚で擦り切れるまで聞き込むのが英語の耳を作る上で大切なポイントとなります。

　初級レベルから中級までブラッシュアップするためには、いずれの場合も、あれこれ幅を広げるのではなく、やることを絞り、同じものを徹底して反復すること。まずは同じ場所を深く掘っていくことが大事なのです。

　単語がパッと口から出てくるようになる、あるいは、音声を覚えるほど耳にしてから、次の本に移っていく。この流れが何より重要です。

週に60分、英語を話す時間をもとう

また、話せるようになるためには「週に60分、英語を話す時間を確保する」ことが大事です。

英語に触れている時間ではありません。**実際に自分が英語を話している時間**、という意味です。

マンツーマンレッスンでも先生が一方的に話す25分であれば、あなたが英語を話した時間は5分かもしれませんね。あなたが実際に話した時間を正確に記録してみましょう。

もしも、グループレッスンで5人で50分だったら、上限は10分ですよね。恐らく先生が50分のうち20分くらいはしゃべっていると思うので、30分を5人で分けたら「6分」です。

週に6分しか英語を話さないのであれば、到底話せるようにはならないですよね。**必ず、週に60分、「自分で英語を話す」時間を確保する。**これを目指せば、自ずと英語で話す力が上がってくるはずなのです。

Rule 語彙を増やし、英語耳をつくり、「話す時間」をもとう!

「本番」で力を発揮する秘けつとは？

できる人 → 「窓を開けて」音声を聞く

できない人 → 「イヤホンで」音声を聞く

リスニングの
点数が伸びないワケは？

「試験になるとリスニングでスコアが上がらない」

　東北から相談にみえたＡさんはこんな悩みを抱えていました。そこで、いつもどのように練習しているのかを尋ねました。

　すると、イヤホンのノイズキャンセリングをして、クリアな状況で１日２時間英語のニュースを聞いているということでした。

「周りの音が気になって集中できないんじゃないですか？」

　こう尋ねると、Ａさんはハッとされ、こう言いました。

「試験会場では、鉛筆の音やくしゃみの音など、周りの小さな音でも気になって、イライラしてしまうのです」

　もうおわかりかと思いますが、**犯人はイヤホン**だったのです。

　試験では会場にあるスピーカーから流れてくる音声を聞かなければならず、周りには他の受験者がいます。

　クリアな音でリスニングの練習をするのは悪くはありません。でも、そればかり繰り返していると、本番との条件が違いすぎて、本番で力を発揮することはできないのです。いずれは**本番と似たような状況で練習する経験も大事**なのです。

Rule 「雑音がある環境」で
試験対策をしてみる

高スコアが出る！
問題の
解き方とは？

できる人 → 「易しい問題」から
解いていく

できない人 → 「順番通り」に
解いていく

▶ 出題された順に 解くのは非効率！

　試験で問題を解くときに、出題された順番に解こうとしていませんか。これはとても非効率です。そもそも試験問題の出題者は、親切に、易しい問題から難しい問題へと順番に配列しているわけではありません。その意味でも、順に解答していくのが効率的とはいえないのです。

　試験では時間の制約がある中で、できる限りたくさんの正答数を稼がないといけないですよね。
　ですから私は常に、「難しそうだと感じた問題は後回しにしましょう」と言っています。自分にとって易しい問題を優先して片づけていくことで2つの良いことがあります。

　ひとつは、「取り組みやすい問題を次々に解ける」というメリットがあります。
　例えば、最初にいきなり難しい問題が出題されてしまった場合、そこに必要以上の時間を割いてしまうと、後半に残された難易度の低い問題に回す時間がなくなるかもしれません。

　これは非常にもったいない時間の使い方です。同じ英語力がある人でも、解ける問題に回す時間を他で消耗してしまえば、良いスコアを出せるはずがありません。

これは裏を返せば、難易度を判断しながら、易しい問題からどんどん解いていけば、現時点での実力はしっかりと発揮できるということになりますよね。

　また、「簡単な問題を片付けることでリズムが出てくる」のです。試験中のメンタルコンディションはとても重要です。最初に難しい問題が出てきて詰まってしまったら、気分は乗りづらいですね。逆に、できる問題からどんどん片付けていくことで気分も乗ってくるはずです。

▶やりやすい問題を解くメリットは大きい

▶解ける問題を落とさないためにも重要

TOEIC® や IELTS、TOEFL などの合否がない英語の試験の場

合、本当に様々な難易度の問題をミックスしないと、異なるレベルの受験者のレベルを正確に測ることができないですよね。

　全ての問題がTOEIC®900点レベルであったとしたら、そのレベル周辺の受験者のレベルを測ることはできても、そのレベルに達してない人はみんな揃って低いスコアになってしまいますね。400点の人や600点の人、あるいは800点の人、950点の人といったように、異なる英語力をもった人のレベルを測るには、いろいろなレベルの問題を出題するしか方法はないのです。

　これまで、**努力が結果になかなか結びつかない方々にアドバイスして効果的だったのが、問題を解く順番を工夫することでした。これだけで瞬時にスコアが跳ね上がった人をたくさん見てきました。**

　あなたは試験で実力を本当に発揮できているでしょうか。
　できていないと感じたら、問題を解く順番を工夫してみてください。きっと結果は見違えるはずです。

Rule 　**解く順番を変えるだけで
　スコアは伸びる！**

試験直前、
当日の過ごし方とは？

できる人 ▶ やってきたことを
振り返る

できない人 ▶ 新しい問題に
手を出す

学んできたことを 出し切ろう！

　試験日の1週間前になったら、まずは「体内時計の調整」が必要ですね。試験の時間帯に脳がきちんと働かないと、せっかく積み上げてきたものを出し切れずに終わってしまうかもしれません。

　この時期は、新しいことを学ぶのではなく、これまでにやってきたことを再度、脳に刷り込ませる作業に集中しましょう。
「すでにやった過去問の英文をひたすら音読する」「音声を覚えてしまうほど聞き込む」「単語を飽きるほど繰り返し見る」「ライティングも新しい問題ではなく、解いたことのある問題の解答を見直す」など。これまでお世話になった本などを味わい尽くすようなイメージですね。

　試験当日は、やれることを出し切ることだけに意識を向けましょう。緊張もあるでしょうし、「どうしても結果を」と思う気持ちはわかりますが、結果を意識しすぎると心に負荷がかかりすぎて、空回りしてしまうかもしれません。
　できることをやる、これしかないですね。**積み上げてきたものを出し切ることに意識を向けましょう。**
　そして家は早めに出ましょう。会場に一番近いカフェなどで最後の見直しをするのもいいでしょう。

　試験が午前だったら朝ごはんは好きなものを食べる。もちろん

食べ過ぎない程度に。試験が午後だったら、お昼ご飯に米やパンは食べないこと。眠くなる原因を招くからです。

　試験中は当然、目の前のことに集中しなければいけませんが、必ず落としてしまう問題があることも心に留めておきましょう。

　あまりにも「できる限り解いてやるぞ！」と前のめりになると、難問に時間を消耗してしまい、時間が足りなくなるかもしれません。

　必要なスコアを取れればいいのですから、１問にこだわりすぎる必要はありませんし、問題によって難易度が違いますから、「厳しいかも」と思ったときは早めに諦めることも大事です。

　大丈夫、これまでの努力はちゃんとスコアに表れます。自分を信じて取り組みましょう。

Rule 難問は捨て、わかる問題を解いていこう！

あとがき

　皆さん、ここまでお付き合いいただきましてありがとうございました。

　本書で強調したように、これからの時代の「英語力」は、文法的に完璧な英語を話したり書いたりするスキルではなく、英語を使ってコミュニケーションできるスキルが求められます。最も大事なことは、英語を実際に話す、すなわちアウトプットすることです。

　チャレンジの数だけスキルは向上していきます。ぜひ、どんどんアウトプットを増やして、英語力を磨いていってください。

　言葉の世界の探求は奥が深く、果てしない道です。

　私も英語の表現には、日々試行錯誤しています。

　相手と話しているときに、的確な表現が見つからないこともあります。でも、大事なのは「正しさよりも、伝わっているかどうか」です。

　些末なことにこだわらず、会話のリズムを大事にすること、これがコミュニケーションを取る上で大事です。

　最後になりましたが本書を通して、皆さんとコミュニケーションが取れたことを私はとても幸せに思っております。お読みいただき、ありがとうございました。**悩んだときは Twitter やメールでいつでもご連絡ください！**

塚本亮

著者略歴

塚本 亮 (つかもとりょう)

ジーエルアカデミア株式会社代表取締役。
同志社大学卒業後、ケンブリッジ大学大学院修士課程修了（専攻は心理学）。
高校時代、偏差値30台、退学寸前の問題児だったが、高校3年春から大学受験を開始。早朝の「早勉」でメキメキと成績を伸ばし、同志社大学経済学部に現役合格する。
その後、在学中に海外留学を決意し、早朝の時間を活用して勉強を開始する。努力が実り、同志社大学卒業と共にケンブリッジ大学大学院に合格し、入学を果たす。ケンブリッジ入学後は、想像を絶する課題量にもめげず、早起きしながら勉強に励み優秀な成績で卒業する。
帰国後、京都にてグローバルリーダー育成を専門とした「ジーエルアカデミア」を設立。心理学に基づいた指導法が注目され、国内外から指導依頼が殺到。学生から社会人までのべ400人以上の日本人をケンブリッジ大学、ロンドン大学をはじめとする海外のトップ大学・大学院に合格させている。

著書に『「すぐやる人」と「やれない人」の習慣』（明日香出版社）、『心の強化書』（ソシム）、『頭が冴える！ 毎日が充実する！ スゴい早起き』（小社刊）ほか多数。

英語ができる人、できない人の習慣

2020年1月24日　第1刷発行

著　者　塚本亮
発行者　德留慶太郎
発行所　株式会社すばる舎
　　　　〒170-0013　東京都豊島区東池袋3-9-7 東池袋織本ビル
　　　　TEL 03-3981-8651（代表）
　　　　　　　03-3981-0767（営業部直通）
　　　　振替　00140-7-116563
　　　　http://www.subarusya.jp/
印　刷　株式会社シナノ